朝倉日英対照言語学シリーズ 6

[監修] 中野弘三・服部義弘・西原哲雄

意味論

Semantics

中野弘三 [編]

朝倉書店

シリーズ監修

中 野 弘 三　　名古屋大学名誉教授

服 部 義 弘　　静岡大学名誉教授

西 原 哲 雄　　宮城教育大学教育学部教授

第 6 巻編集

中 野 弘 三　　名古屋大学名誉教授

執筆者（執筆順）

中 野 弘 三　　名古屋大学名誉教授

二 村 慎 一　　愛知淑徳大学文学部准教授

大 室 剛 志　　名古屋大学大学院文学研究科教授

東 　 博 通　　名城大学経営学部教授

前 田 　 満　　愛知学院大学文学部准教授

刊行のことば

　20世紀以降の言語学の発展には目覚ましいものがあり，アメリカ構造主義言語学から，生成文法，さらには最近の認知言語学に至るさまざまな言語理論が展開・発展を続けている．これと同時に，急速なコンピューターの技術革新などによる，コーパス言語学をはじめとする各種の方法論の導入によって，言語研究は言語一般の研究分野においても，各個別言語の分析においても，日進月歩の発達を遂げてきたといえる．個別言語の1つである英語についても，共時的な観点と通時的な観点の双方から，さまざまな側面についての分析が行われ，その成果は，多くの論文や著書の形で公刊されるに至っている．

　言語一般の研究にせよ，各個別言語の研究にせよ，その研究分野は次第に特殊化・細分化されてゆき，その内容が複雑・多様化するに伴って，今日では，専門の研究者ですら，その分析手法などが異なれば，自らの研究分野での研究成果を的確に理解できないという事態が生じうる．このような状況では，英語学・言語学を志す初学者が手早く専門分野の知識を得たいと思う場合，また，英語や日本語教育に携わる教員が幅広く言語学全般の知識を得たいと思う場合に，大学での教授者がそのような要望に応えることは容易ではない．しかし，他方では，英語学・言語学の複雑多様化した研究分野についての的確な知識を初学者や言語教育者に提供する必要性は少なからず存在するものと思われる．

　そこで，われわれは，英語学，英語教育学あるいは言語学に関心をもつ学生，および英語・日本語教育関係者を読者対象に想定し，英語学・言語学の各専門分野についての概観を意図した『朝倉日英対照言語学シリーズ』の編纂を企画したのである．本シリーズの基本方針としては，日本人の母語である日本語との比較・対照を図ることにより，英語学の知識をいっそう深めることができるものと考え，可能な限りの範囲で，日英対照という視点を盛り込むよう，シリーズ各巻の編集・執筆者に依頼することとした．また，英語学・言語学の基本的な概念や専門用語を提示することとあわせて，それぞれの分野の最新の研究成果についても，スペースの許す範囲で盛り込んでゆくことを方針とした．本シリーズを教科書として

使用される教授者にとっても益するところがあるようにとの配慮からである．

　幸運なことに，各巻の編集者には，各分野を代表する方々を迎えることができ，それらの方々には，上に述べた基本方針に従って，それぞれの分野において特色ある優れた入門書兼概説書を編集してもらえるものと確信している．本シリーズの構成は以下の7巻からなる．

　　第1巻『言語学入門』西原哲雄　編
　　第2巻『音声学』服部義弘　編
　　第3巻『音韻論』菅原真理子　編
　　第4巻『形態論』漆原朗子　編
　　第5巻『統語論』田中智之　編
　　第6巻『意味論』中野弘三　編
　　第7巻『語用論』中島信夫　編

　読者の方々は各自の専門分野に関する巻はもちろん，そうでない他の巻や隣接する分野の巻についても参照されることを希望するものである．そうすることによって，読む人の英語学・言語学各分野についての理解はいっそう広まり，深まるものと確信する．

　2012年3月

　　　　　　　　　　　シリーズ監修者　　中野弘三，服部義弘，西原哲雄

まえがき

　本書は,『意味論』という書名から明らかなように,言語表現の意味を扱う.しかし,言語表現の意味には種類があり,本書が扱う意味の種類についてあらかじめ説明しておかなければならない.

語用論と意味論
　本シリーズでは言語の意味を扱う巻は,本書と第7巻『語用論』の2巻に分かれている.このように2巻に分けて言語の意味を扱うのは,言語の意味には,大別して,意味論で扱うべき意味と語用論で扱うべき意味があるからである.意味論と語用論の違いとは,大まかにいえば,意味論は言語表現が**発話の場**(言語使用の場)から独立して持つ,言語表現固有の意味を扱うのに対し,語用論は言語表現が特定の発話の場で用いられた場合に持つ意味を扱う点である.
　言語表現が発話の場で持つ意味とは,一つは,特定の発話の場で言語使用者が言語表現を用いる意図から生じる意味である.たとえば,
　(1) 雨が降ってますよ.
という文の発話は,「雨が降っている」という文字通りの意味に加えて,( )内に示した発話の場を例に取ると,以下のように様々に異なった意味を聞き手に伝える.
　(2) a. 傘を持って行きなさい.(母親が家から出かける子供に)
　　　b. 洗濯物を取り入れたほうがいいですよ.(雨に気づかない隣人に)
　　　c. 今日はやめたほうがいいよ.(行楽のために外出しようとしている家族の者に)
　　　d. 花に水をやる必要はないですよ.(外に出て花壇の花に水をやろうとする人に)
これらの意味は,何か忠告しようとする話し手の意図を察して聞き手が発話の場に応じて汲み取った,忠告の内容である.語用論は,このように,発話の場に応じて文の文字どおりの意味に付け加わる**言外の意味**(implicit meaning)を扱う.語用論の重要な仕事の一つは,聞き手が発話の場の情報に基づいて言外の意味を汲み取る推論の過程を理論的に説明することである.
　語用論が扱うもう一つの種類の意味は,発話に際しての話し手の聞き手に対す

る**配慮**にかかわるものである．(1)「雨が降ってますよ」に用いられている「ます」や「よ」は「雨が降っている」という事態の内容を表す表現ではない．どちらも話し手が聞き手に事態の内容を伝達する際に，聞き手に対して払う配慮を表す表現である．「ます」は聞き手に対する"丁寧さ"の配慮を，「よ」は"聞き手の注意を喚起する"という配慮を示す表現である．このような話し手の心的態度や話し手の聞き手に対する配慮を表す表現の機能を扱うのも語用論の仕事である．

意味論の仕事

一方，(1) の文には発話の場から独立した「雨が降っている」という自然現象を表す固有の意味があり，そのような言語表現固有の意味（つまり，文字どおりの意味）を扱うのが意味論である．その仕事の第一は，言語表現の意味とは何か，という本質的な問題に答えを与えることである．たとえば，「雨」の意味はというと，この語が指し示す現実世界の自然現象（天から降る水滴），人が頭の中に思い浮かべる雨のイメージ，人が雨と認識する自然現象についての概念，など様々なものが候補として考えられる．本書第 1 章ではこのような言語表現の意味の本質を考察する．

語固有の意味は辞書でも扱われる．辞書では「雨」という語の意味として，「大気中の水蒸気が高所で凝結し，水滴となって空から地上に落ちるもの」というように，他の語とは無関係に自然現象としての雨の特性が述べられる．これに対し，意味論は，今述べた「雨」の語義と「大気中の水蒸気が高所で凝結し，…となって空から地上に落ちるもの」という部分を共有する「雪」「あられ」「雹」など関連語との比較対照において「雨」という語の特徴を探る．一方で，「雨」に関して日本語では「梅雨」「時雨」「五月雨」「春雨」「村雨」等，雨の様々な種類を表す語がある．さらに，「梅雨」には「菜種梅雨」「戻り梅雨」「走り梅雨」「空梅雨」などの下位の種類がある．雨の種類を表すこれらの語の意味は，「雨」の意味を頂点とした階層構造を持つと考えられるが，このような**意味の階層関係**（semantic hierarchy）を明らかにするのも意味論の仕事である．語の意味分析，関連語間の意味関係，意味の階層関係等は本書では第 1 章，第 2 章で扱う．

「雨が降っている」のような文の発話は，(2) に示したように，聞き手の推論が加わって様々な語用論的解釈が可能となるが，意味論が扱う，発話の場を離れて文が固有に持つ（文字どおりの）意味は固定している．意味論では，一般的に，

文の意味は述語を中心に据えて分析する．「雨が降っている」では「降る」という動詞が述語であり，「雨」は「降る」という動詞が表す現象にかかわる"関係者"（専門的にはこれを「項」という）として扱われる．「降る」の場合，関係者（項）は一つ（雨，雪など降るもの）であるが，「低気圧が雨を降らす」の「降らす」の場合は，二つの項（低気圧と雨）が関係する．

　文の意味を扱う意味論の仕事の一つは，このように，文の意味を"述語""項""修飾語"といった要素に分析し，それがどのような構造をなすかを明らかにすることである．一方で，「低気圧が（この地方で）雨を降らした」が事実であれば，必ず「（この地方で）雨が降った」が事実であるので，「低気圧が雨を降らす」は「雨が降る」を含意するという．このような文間の**含意関係**（entailment）を扱うのも文の意味論の仕事である．文の意味分析は本書では第3章で扱う．

法性（モダリティ）と意味変化の扱い

　ところで，文が発話の場で発せられると，その文が表す事態の内容に加えて，その事態に対する話し手の判断や感じ方などの心的態度が聞き手に伝達される．このような話し手の心的態度を表現する方法を**法**（mode または mood）といい，文法用語としての「法」は文法形式（動詞の語形変化）によって示される心的態度の表現方法をいう．英語には**直説法**（indicative mood），**命令法**（imperative mood），**仮定法**（subjunctive mood）の三種の法がある．英語ではこのような文法形式以外に，法助動詞や法副詞がより多様な心的態度を表すのに用いられる．今日では，文法形式（動詞の語形変化），法助動詞，法副詞などの法表現が表す様々な心的態度を総称して**法性**（または，**モダリティ**）（modality）と呼ぶのがふつうである．

(3) a. It is raining.［動詞の直説法の語形変化が，事態（＝雨が降っている）が事実であることに対する話し手の確信（心的態度）を表す］
　　b. It may/must be raining.［法助動詞 may/must が，事態の事実性についての話し手の推量（心的態度）を表す］

法性は従来から意味論で扱われるが，本書では第4章で取り扱う．

　上で本書『意味論』が言語表現固有の"意味論的意味"を，第7巻『語用論』が言語表現が発話の場で持つ"語用論的意味"を扱うと述べたが，一つの言語表現の中で"意味論的意味"と"語用論的意味"が絡み合っている場合がある．た

とえば，英語の法助動詞 can の語義として *Oxford Advanced Learner's Dictionary* (第8版) では，基本的な語義〈能力〉〈可能（性）〉〈許可〉以外に，次のような意味を表すことができるとしている．

(4) a. Can you help me with this box?〈依頼〉
　　b. We can eat in a restaurant, if you like.〈提案〉
　　c. You can shut up or get out!〈命令〉

〈依頼〉〈提案〉〈命令〉という語義は，実際は，(4a)(4b)(4c) が発話された場合に，これらの文がそれぞれ果たす**発話行為**（speech act）の意味効果であり，発話行為に関するこのような意味は本来語用論の対象である．確かに，たとえば (4a) の〈依頼〉の意味は，「この箱を運ぶのを手伝ってくれることができますか」という質問を受けた聞き手が，周りの状況から「手伝ってくれないか」という話し手の依頼の意図を推論によって汲み取ることから生じたものと考えられ，(1) の発話から発話の場に応じて (2) の様々な解釈が得られるのと同じ性質のものといえなくはない．しかし，(4) に示した can の〈依頼〉〈提案〉〈命令〉という語義は，(2) の様々な解釈がコンテキストに応じて臨時的に生じる解釈であるのに対し，can という語にかなり固定した語義であり，それゆえ辞書にも登録されている．

(4) の can の意味は，もともとは聞き手が推論によって汲み取る語用論的意味であるが，現在ではある程度固定した（あるいは慣用化した）意味となっているので，辞書では can の固有の意味であるかのように扱われる．それでも，can のこれらの意味はどちらかというと周辺的な意味で，上述の基本的意味とは区別される．他方，語によっては，聞き手の推論によって汲み取られる語用論的語義が基本的語義に変化している場合がある．たとえば，現代英語の副詞 just には①〈（時間的に）ちょうど，今〉，②〈正確に，ちょうど，まさに（＝exactly）〉，③〈たった，だけ，ほんの（＝only, merely）〉という基本的な意味があるが，この中の〈たった，だけ，ほんの（＝only, merely）〉という語義は他の二つの基本的語義から聞き手が推論によって汲み取る語用論的解釈の過程を経て生じた語義と考えられる．副詞 just の本来の意味は "correctly"（正確に），"exactly"（まさに）であり，正確な時間，数，量や物事の正確な一致を表すのに用いられた．現代英語でも

(5) a. You're just in time.（ちょうど間に合った．）
　　b. That's just what I wanted.（まさに望んでいたもの．）

における just は〈正確に，ちょうど，まさに（＝exactly）〉の意で，時間や物事

の正確な一致を表す．

　(6) Just three of them agreed to your plan.

　この文も本来的には〈ちょうど3人があなたの計画に賛成した〉の意味であるが，〈ちょうど3人〉の意の just three には，〈3人以上でも以下でもない〉という含意（言外の意味）があるので，(6) の発話を聞いた聞き手が，もっと多くの人が自分の計画に賛成してくれるものと期待していたとすると，just three を "only three"〈たった3人しか〉と解釈しがちである．このような，聞き手の期待や予測に依存して生じる意味は，当初は臨時的な語用論的意味であったはずである．しかし，発話の場でこのような状況が何度も繰り返されているうちに，当の意味が固定化し，"only" の意味が just 固有の意味と認識されるに至ったと考えられる．

　周辺的意味であれ，基本的意味であれ，一つの語が時間の経過に伴って新しい語義を獲得するのは語の意味が変化（あるいは拡張）したということである．語の意味変化は，上の can や just の例のように語用論的動機によって生じることが多いが，そのほかにも意味変化が生じる理由はいろいろとある．本書では第5章でこのような意味変化を扱う．

伝統的意味論と認知意味論

　意味論研究にもかなりの歴史があり，言語の意味についての捉え方も歴史と共に変化してきている．言語の意味については，言語が表現する対象（言語外の世界の事物，事柄等）と捉える説，言語表現が喚起するイメージや概念と捉える説，言語表現の用法とする説等，様々な説が唱えられてきたが，現在では「概念」説が優勢である．

　「概念」説には2種あり，一つは形式（記号）論理学の流れを汲む伝統的意味論の考え方であり，もう一つは新しい認知言語学の考え方である．伝統的意味論では，概念（＝意味）を，言語表現が表す事物や事象がカテゴリー（類）として持つ特性の集合体と考える．たとえば，「犬」という語の概念（＝意味）は，現実に存在する多様な犬がカテゴリーとして持つ特性（哺乳類である，四つ足で尻尾がある，人間によくなつく，など）の束であると考える．伝統的意味論での概念は，このように，それが適用される事物や事象の定義として働く．また，このような考え方の概念は，言語表現の音声形式と同じように，言語使用の場においては既

存のものとして扱われ，そのため当の概念がどのような過程を経て形成されるかという概念形成の過程は問題にされない．

これに対し，言語研究において人間の認知能力を重要視する認知言語学では，言語表現が表す概念は，**概念化**（conceptualization）と呼ばれる，言語使用者の外界の捉え方（construal）を反映した概念形成法によって形成されるものと考えられ，言語使用者から離れて存在する（既存の）ものとはみなされない．概念を固定したものでなく，言語使用者が使用の場に応じて弾力的に形成するものとするこの認知言語学の概念観は，概念（カテゴリー）の可変性や比喩表現に見られる概念の拡張を説明するのに非常に有効である．

認知言語学の概念観には伝統的意味論のそれより優れた点があることは事実であるが，本書では敢えて伝統的な概念（意味）観を基礎にして解説を進めている．その理由の一つは，認知言語学の概念観を中心に据えて意味論を解説すると，すべてがその観点からの解説にならざるを得ず，限られた紙数内で他の有力な意味論，たとえば，概念意味論や語彙意味論の考え方を紹介する余裕がなくなるからである．理由のもう一つは，冒頭でも述べたように，本シリーズでは言語の意味を第7巻『語用論』でも扱うが，認知言語学の枠組みでは意味論と語用論の区別が明確になされないので，本書が認知言語学での意味論を扱うとすると，第7巻との分業に支障が生じかねないからである．もちろん，本書でも認知言語学的知見を全く無視しているわけではなく，部分的ではあるが関連する章でその知見を紹介している．また，比喩表現（メタファー，メトニミー）に見られる概念の拡張の問題は本書第5章で扱っている．認知意味論についてより詳しくは，本シリーズ第1巻『言語学入門』第4章を参照されたい．この章は「文の意味について―意味論」と題されているが，全体が認知意味論の解説となっている．

最後に，本書の刊行にあたって縁の下の力持ちとして作業を支えて下さった朝倉書店編集部に心から感謝申し上げたい．

2012年7月

中 野 弘 三

目　　次

第1章　意　味　と　は ……………………………………………［中野弘三］…1
1.1　言語表現の意味 ………………………………………………………………1
1.1.1　意味とは何か ……………………………………………………………1
1.1.2　意味に関わる問題 ………………………………………………………3
1.1.3　言語表現の意味と指示対象 ……………………………………………5
1.1.4　言語表現の指示機能と叙述機能 ………………………………………7
1.2　意味の種類 ……………………………………………………………………13
1.2.1　概念的意味と非概念的意味 ……………………………………………13
1.2.2　概念間の関係 ……………………………………………………………14
1.2.3　概念の階層 ………………………………………………………………16
1.2.4　概念の成分分析 …………………………………………………………18
1.2.5　類概念と種概念 …………………………………………………………19
1.2.6　曖昧性と不明確性 ………………………………………………………21
1.2.7　非概念的意味 ……………………………………………………………23

第2章　語　の　意　味 ……………………………………………［二村慎一］…28
2.1　語と語の意味関係―意味場理論 ……………………………………………28
2.2　意　味　関　係 …………………………………………………………………29
2.2.1　同義関係 …………………………………………………………………30
2.2.2　上下関係 …………………………………………………………………32
2.2.3　部分・全体関係 …………………………………………………………34
2.2.4　反意関係 …………………………………………………………………35
2.2.5　多義性と同音異義性 ……………………………………………………38
2.2.6　語形成による関連性 ……………………………………………………40
2.3　意味の成分分析 ………………………………………………………………43
2.4　生成語彙論 ……………………………………………………………………46

第3章 文の意味 I ……………………………………［大室剛志］…52

3.1 文の意味の概要………………………………………………… 52
  3.1.1 文の意味の構成要素—述語，項，修飾語 ……………… 52
  3.1.2 文の意味範疇とその関数と項への分解 ………………… 53
  3.1.3 文以外の意味範疇とその関数と項への分解…………… 55
  3.1.4 可能な意味範疇と不可能な意味範疇 …………………… 56
  3.1.5 似た意味を持つ文—意味場の存在 …………………… 57
  3.1.6 もう一つの出来事—使役 ………………………………… 59
  3.1.7 使役と意味場の組み合わせ ……………………………… 60
  3.1.8 3.1 節のまとめ …………………………………………… 61
3.2 文を構成する述語と項自体の分解とその問題点 ………… 61
  3.2.1 項自体の分解とその問題点 ……………………………… 61
  3.2.2 述語自体の分解とその問題点 …………………………… 64
3.3 意 味 役 割 …………………………………………………… 67
  3.3.1 意味役割とその定義の仕方 ……………………………… 67
  3.3.2 主題基準 …………………………………………………… 70
  3.3.3 行為層の導入 ……………………………………………… 72
3.4 ま と め ……………………………………………………… 76

第4章 文の意味 II ……………………………………［東　博通］…80

4.1 法　　　性 …………………………………………………… 80
  4.1.1 法性とは …………………………………………………… 80
  4.1.2 法性を表す表現 …………………………………………… 81
  4.1.3 法助動詞が表す法性 ……………………………………… 83
  4.1.4 主観的法性と客観的法性 ………………………………… 89
  4.1.5 法性と発話行為 …………………………………………… 92
4.2 時　　　制 …………………………………………………… 94
  4.2.1 時制とは …………………………………………………… 94
  4.2.2 現在時制の用法 …………………………………………… 95
  4.2.3 過去時制の用法 …………………………………………… 96
  4.2.4 未来時の表現……………………………………………… 96

4.2.5　直示時制と非直示時制 ……………………………… 97
　　4.2.6　時制の一致 …………………………………………… 99
　　4.2.7　グラウンディング …………………………………… 100

第5章　意 味 変 化 ……………………………………［前田　満］… 106
 5.1　意味変化は日常的 ……………………………………… 106
 5.2　意味変化の要因 ………………………………………… 107
　　5.2.1　用法拡張 ………………………………………………… 107
　　5.2.2　社会の変化と意味変化 ………………………………… 109
 5.3　意味変化のパタン ……………………………………… 110
　　5.3.1　予測不可能な意味変化 ………………………………… 111
　　5.3.2　予測可能な意味変化 …………………………………… 115
 5.4　意味変化の基本メカニズム—意味化 ………………… 119
 5.5　意味変化と多義性 ……………………………………… 120
　　5.5.1　多義化としての意味変化 ……………………………… 120
　　5.5.2　プロトタイプと意味変化 ……………………………… 122
 5.6　メタファー（隠喩）とメトニミー（換喩） …………… 124
　　5.6.1　メタファー ……………………………………………… 125
　　5.6.2　メトニミー ……………………………………………… 127
 5.7　ま　と　め ……………………………………………… 130

索　　　引 …………………………………………………………… 135
英和対照用語一覧 …………………………………………………… 140

【本書での括弧の使い分け】

「　」：日本語の語（句），文等の言語表現そのものを記述するとき．
（　）：英語の単語や文の意味を読者の理解を容易にするために翻訳に用いた日本語を記述するとき．
〈　〉：多義性などの説明において（言語表現そのものと区別して）表現の語義や文の意味を記述するとき．
《　》：言語表現の指示対象を記述するとき．
［　］：意味素性，およびクロス・レファランスの記述などの注釈的記述を表すとき．

第1章 意味とは

中野 弘三

1.1 言語表現の意味

1.1.1 意味とは何か

　言語が人間同士のコミュニケーションで使われる最も重要な手段であることはいうまでもない．そこで，人が他人とコミュニケーションをとるために発話をする場（以下，「発話の場」という）での言語表現の伝達内容を考えてみよう．例えば，

　(1) 話者A：あなたは何か<u>ペット</u>を飼っていますか．
　　　話者B：はい，<u>犬</u>を飼っています．

といった会話での「ペット」「犬」という表現は，一方で，話者Bが飼っている動物が「ペット」「犬」と呼ばれる類に属するものである，ないしは，そういう類の属性を持つものである，ことを聞き手に伝える．他方で，(1)での「ペット」「犬」という表現はこれらの類の属性を持つ個体（一匹のペット，犬）が話者A, Bが住んでいる世界に存在する，ということを伝達する．これは，これらの表現が「～を飼っている」という文脈の中で用いられているため，飼われているものは，属性そのものではなく，その属性を持ち，どこかの世界に存在する生き物でなければならないからである．このように，なんらかの属性を言い表す表現が発話の場で用いられ，どこかの世界に当の属性を持つ個体（の集合）が存在することを伝える場合，その個体（の集合）を表現の**指示対象**（referent）という．また，この場合，言語表現は当の対象を「**指示する**（refer to）」という．個体の集合が指示対象である場合というのは，

　(2) a. <u>犬</u>は忠実な動物である．
　　　 b. <u>これらの犬</u>はみな盲導犬です．

のように，総称的表現が用いられた (a) の場合や，複数の個体の集団が指示される (b) の場合である．

言語表現の指示対象は発話の場によって変化することがその特徴である．わかりやすい例が人称代名詞や役職名である．

(3) a. 私は今北海道にいます．
　　b. 日本の首相がアメリカを訪問しました．

(3a)における人称代名詞「私」の指示対象は，発話の場での話し手が誰であるかによって変わり，また役職名「日本の首相」が誰を指すかは(3b)の文がどの時期（時代）に発話されるかによって変わる．

　これに対し，言語表現の意味は，発話の場の変化とは関係なく，一定である．"言語表現の意味とは何か"の詳しい説明は追い追い行うとして，とりあえずは，それが辞書に定義されているものと考えて，(3)の例文で用いた「私」「首相」という表現の辞書の定義を見てみよう．

(4) 私：話し手自身を指す語．
　　首相：①主たる宰相．②内閣総理大臣の通称．（「内閣総理大臣」＝内閣の首長たる国務大臣）
　　　　　　　　　　　　　　　　　　　　　　　　　　（『広辞苑』第6版）

今便宜的にこれらの定義を「私」や「首相」の意味と考えると，〈話し手自身を指す〉や〈主たる宰相，内閣の首長たる国務大臣〉という意味は，発話の場とは無関係に常に同じである（なお，表現の表記法として，以下でも言語表現としての語や句を鉤括弧「　」で，そしてその意味を山括弧〈　〉で表すことにする）．なぜなら，言語表現の意味は，その指示対象すべてに共通する特性を叙述するものであるので，その表現の指示対象が発話の場の変化に応じて変化したとしても，当然，変わることはないからである．例えば，「日本の首相」という表現の指示対象は，時代によって伊藤博文から今の総理大臣に至るまで次々と変化するが，指示対象が誰であっても〈日本の主たる宰相，内閣の首長たる国務大臣〉という指示対象に共通する特性，すなわち，意味は変化しない．

　さて，今言語表現の意味を"指示対象に共通する特性"と説明したが，言語表現の意味と指示対象の関わりについてもう少し詳しく考えてみよう．発話の場では話し手は言語表現を発して聞き手になんらかの情報を伝える．例えば，「財布をどこかに置き忘れた」と言って部屋の中を探している聞き手に，話し手が

(5) それ机の上にありますよ．

と言ったとしよう．聞き手が(5)の発話から財布の在りかを知る際の手がかりは，いうまでもなく「机」という表現，特にその意味である．すなわち，財布の

在りかがタンスや飾り棚など他の家具ではなく，机であることを聞き手に知らせるのは，「机」の意味である．言い換えると，聞き手は「机」の意味〈机〉を手がかりにして部屋の中から「机」の指示対象を選び出し，その上に財布があることを知る．「机」の指示対象は現実の世界だけでも膨大な数存在し，またその形状も種々様々である．しかし，日本語を話す誰もがどのような場面でも「机」の指示対象と他の種類の家具名の指示対象を間違いなく区別でき，そしてその区別を可能にするものが「机」の意味なのである．

　このように，言語表現の意味は，その表現の指示対象を他の表現の指示対象から区別して選び出す手がかり，または基準として機能するといえる．一方で，上では言語表現の意味の内容は"指示対象に共通する特性"であると述べた．「机」の指示対象に共通する特性は何かと言えば，大まかには辞書の記述がそれに相当する．

　(6)「机」：書を読み，字を書くのに用いる台．ふづくえ．　　　　（『広辞苑』第6版）

「机」の指示対象には「事務机」「学習机」「書斎机」「座机」「教卓」「PCデスク」など，用途によって様々に呼ばれる種類があり，形状も多種多様であるが，確かに，指示対象のいずれも(6)に示した〈書を読み，字を書くのに用いる台〉という特性を備えている．これが「机」の意味であるとすると，日本語を話す人すべてがこの意味を知識として共有すると考えられる．財布を置き忘れた聞き手に(5)の文が発話された例において，話し手が「机」という表現を用いて財布の在りかを告げるのは，聞き手も同様に「机」の意味を承知していて，様々な物や家具がある部屋の中であっても，聞き手がその意味を手がかりに間違いなく該当する家具を選び出すことができると話し手が思うからである．

1.1.2　意味に関わる問題

　上で言語表現の意味を"指示対象に共通する特性"と述べたが，この定義に従うと，言語表現が意味を持つには，それが指示対象を持たなければならないことになる．言語表現の指示対象で問題になるものの一つは，例えば，日本語の「鬼」「竜」，英語のunicorn, phoenixのように，その指示対象が現実の世界に存在しない表現である．現実世界に存在しないにもかかわらず，これらの語は，「机」やdeskと同じように，指示対象を持ち，意味を持つものとして扱われる．意味論で

は，この問題は，指示対象が存在する世界を現実世界に限るのでなく，仮想の世界（物語の世界，小説の世界，願望の世界，未来の世界など）にも広げることで解決される．人間の言語は，現実世界の事柄だけでなく，仮想の世界の事柄も語ることができるので，指示対象の存在する世界をこのように拡大するのは当然のことといえる．ここで便宜上，現実の世界だけでなく仮想の世界を含めて，言語表現を使って語りうる世界を，哲学・論理学の用語を借りて**可能世界**（possible world）と呼ぶことにしよう．「鬼」「竜」，unicorn, phoenix の指示対象は物語の世界，神話の世界などの可能世界に存在するものと扱うことになる．

では，「白い」「硬い」，white, hard などの形容詞，「愛」「勇気」, love, bravery などの抽象名詞の指示対象はどうであろうか．形容詞や抽象名詞は事物や表象の性質や特性を表すが，このような性質や特性は形容詞や抽象名詞が指し示すもの（指示対象）と考えることができるであろうか．さらに，英語の前置詞や日本語の助詞，接続詞のように空間的・時間的位置関係や文法関係を表す表現には意味があるとは感じられるものの，直感的には指示対象があるようには思えない．

しかし言語表現の意味を"指示対象に共通する特性"と考える以上，このような事物の性質・特性や二つの事物の間の関係といった抽象的概念を意味する言語表現も指示対象があるものとして扱わねばならない．この問題について，言語哲学や論理学では**内包**（intension, connotation）と**外延**（extension, denotation）という概念を用いて，次のように扱う．内包と外延は

内包：［論］概念の適用される範囲（外延）に属する諸事物が共通に有する徴表（性質）の全体．

外延：［論］ある概念の適用されるべき事物の範囲．例えば金属という概念の外延は金・銀・銅・鉄などである．

（『広辞苑』第6版）

と定義されるが，内包の定義は上で"指示対象に共通する特性"と述べた意味の定義に等しいものであり，内包＝意味である．一方，指示対象に対応する外延は「概念の適用されるべき事物の範囲」とされるが，この定義での「概念」とはなんらかの概念を表す言語表現のことであり，それを適用する（当てはめる）ことができる事物の範囲とは，それが指し示す事物の一つ一つ，あるいは全部，のことである．この定義に従うと，抽象的概念を表す言語表現の指示対象も，「机」や「犬」のような具体物を指し示す表現と同じ扱いとなる．例えば，「白い」という形容詞の外延は白い色の事物，雪，砂糖，塩などであり，「硬い」という形容詞の

外延は硬い事物，鉄，石，ダイアモンドなどであるとされる．また，The book is on the box. / The book is in the box. における on や in のように二つのものの位置関係を表す前置詞の場合，その外延は，"A is on/in B"（A は B の上にある／中にある）という位置関係にある二つの事物の対のすべて，とされる．このように指示対象＝外延と考えると，言語表現の表すものが具体物と抽象的概念のいずれであっても，指示対象を"言語表現が指し示すもの"として扱うことができる．

　言語表現には語や句だけでなく文（節）も含まれるが，文（節）も意味を持つことは言うまでもない．文（節）が表す意味は**命題**（proposition）と呼ばれるが，命題の内容は事物ではなく，なんらかの事態（出来事や状態）である．例えば，「雪は白い」という文の命題は雪が白いという事態を述べ，その内容は〈雪（空から降って積もる水蒸気の結晶）は白い（色をしている）〉というものである．一方,「机」や「犬」という語の指示対象は現実の世界をはじめとする可能世界に存在する個体としての机や犬であると上で述べたが，これと平行して考えると，命題の指示対象は可能世界に存在する（それが述べる）事態である，といえる．論理学には命題の指示対象は命題が持つ**真理値**（truth value）であるという考え方があるが，命題が真理値を持つとはそれが真か偽という値を持つということであり，命題が真である（真という値を持つ）ということは，命題内容（＝命題の意味）が表す事態の内容が可能世界に存在する事態に一致するということである．したがって，命題の指示対象が可能世界に存在する事態であるという考え方は，論理学の"命題の指示対象＝真理値"と同じ考え方である．

1.1.3　言語表現の意味と指示対象

　前項で言語表現の意味と指示対象について述べたが，本項では言語表現とその意味および指示対象の間の関係について考える．まず，言語表現とその意味との関係についてであるが，多くの言語表現は，それぞれ，複数の異なった意味を持つ．例えば，日本語の「手」という語には，①〈人や動物の手〉，②〈人手〉（手が足りない），③〈筆跡〉（これは女の手だ），④〈柄〉（急須の手が取れた），⑤〈手段〉（手を尽くす）など多数の異なる意味があり，それに応じて指示対象も様々に異なる．一つの言語表現が複数の意味を持つことを**多義性**（polysemy）といい，「手」のように複数の意味を持つ語を**多義語**（polyseme）という．一方，複数の異なった言語表現が同一の意味を表す場合があり，同じ意味を持つ異なった言語

表現間の関係を**同義関係**（synonymy）といい，ある語と同義関係にある語を**同義語**（synonym）という．例えば，「あす」と「あした」と「明日」，「本」と「書物」が同義語である［同義関係，同義語について詳しくは第2章参照］．

　言語表現の意味と指示対象の関係については，言語表現の一つの意味（語義）とその指示対象の関係を考えてみよう．まず，承知しておくべきことは，言語表現の（一つの意味の）指示対象は二つの側面を持っている，すなわち，言語表現（の意味）には**タイプ**（type）としての指示対象と**トークン**（token）としての指示対象がある，ということである．タイプとは同種のものを包括する類（または類概念）であり，トークンとはタイプ（＝類）が当てはまる具体的な個別の事例である．例えば，「パソコンは便利な機械だ」と一般的に述べた場合の「パソコン」はタイプとしてのパソコンを指し示しており，特定の個人が特定の場面で「またパソコンが壊れた」といった場合の「パソコン」はトークンとしてのパソコンを指す．前者は「パソコン」という表現のタイプとしての指示対象であり，後者は同じ表現のトークンとしての指示対象である．

　このように，一つの表現にタイプとしての指示対象とトークンとしての指示対象があるとすると，タイプとしての指示対象は言語表現の一つの意味に一対一で対応する．例えば，「帽子は熱中症予防に役立つ」という文中の「帽子」の指示対象はタイプとしての指示対象であるが，この指示対象は〈頭にかぶる物〉という「帽子」の第一義に対応し，頭にかぶる物全体あるいはその類である．タイプとして帽子を指示する「帽子」という語は総称表現で，例えば，「着物」「靴下」「手袋」「襟巻き」など，人が身につける物を表す他の表現と対立する．一方，帽子を買いに店に入った人が，「この<u>帽子</u>は私にはちょっと小さいので，あの<u>帽子</u>を見せてください」と店員に言った場合の「帽子」の指示対象は，トークンとしてのものであり，この場合の「帽子」の意味は〈頭にかぶる物〉と同一であるにもかかわらず，「この帽子」と「あの帽子」は異なった指示対象を指し示す．したがって，一つの意味に対応するトークンとしての指示対象（具体的事例）は複数存在しうる．言語表現（の意味）がタイプとしてなんらかの対象を指示する場合は総称的に指示することになるので，これを**総称指示**（generic reference）と呼び，他方，言語表現（の意味）が個々の発話の場面でトークンとして個別の対象を指し示す指示の仕方を**個別指示**（specific reference）と呼ぶことがある．

　通常は言語表現の一つの意味は一つの類の（タイプとしての）対象を指し示し，

意味と指示対象の関係は一対一の関係にある．これは意味を"指示対象に共通する特性"と捉えることにすれば，当然のことである．ところが，異なった意味を持つ言語表現が同一の指示対象を指し示す場合があり，昔からよく問題にされる．なお，同義表現の場合，異なった表現（例えば，「父」「男親」「親父」「パパ」）が同一の指示対象を指示するが，同義表現は意味が同一であるので指示対象が同一になるのは当然であり，今述べようとしているのはこのような同義表現のことではない．

意味と指示対象の関係が一対一でない，すなわち，異なった意味を持つ複数の表現が一つの指示対象を指し示す例としてよく引き合いに出されるのが，the morning star（明けの明星）と the evening star（宵の明星）である．これらの表現の意味は同じではないが，その指示対象は同一の天体，すなわち金星（Venus）である．the morning star は〈明け方，東の空に見える金星〉，the evening star は〈日没後，西の空に輝く金星〉という意味を持つ．同一のもの（指示対象）であっても違う側面を持ち，その違う側面がそれぞれに言語表現化されることがあるが，the morning star と the evening star は金星の異なった側面を言い表す表現であり，それゆえ異なった意味を持つと考えられる．英語にも日本語にも 'A is B'（「A は B だ」）という形式のコピュラ文が存在するが，この形式の文で用いると the morning star と the evening star の意味の違いが現れる．

(7) a. The morning star is the morning star. （明けの明星は明けの明星だ．）
    b. The morning star is the evening star. （明けの明星は宵の明星だ．）

(7a) は**同語反復**（tautology）と呼ばれるものであり，自明で無意味な文である．これに対し，(7b) は，the morning star と the evening star が異なる意味を持つ表現であるために同じ星（金星）を指すことを知らない人に対して，二つの表現が同一の星を指すという情報を伝えるので，無意味ではない．

1.1.4 言語表現の指示機能と叙述機能

言語表現はなんらかの意味を持ち，なんらかの（可能）世界に存在する対象を指示することは上で繰り返し述べた．ここで，便宜上，言語表現がなんらかの（可能）世界に存在する対象を指し示す機能を**指示機能**（referring function），また，それが指示対象に共通する特性，すなわち，意味を表現する機能を**叙述機能**（predicative function）と呼ぶことにする．意味を持つ名詞，形容詞，動詞は叙述機能を

持つので，文中では補語として主語の属性を述べることができる．

(8) a. John is a <u>doctor</u>.（ジョンは医者です．）［名詞］
  b. John is <u>bright</u>.（ジョンは賢い．）［形容詞］
  c. John <u>teaches</u> at a school.（ジョンは学校で<u>教えています</u>．）［動詞］

形容詞や動詞はなんらかの世界に存在する対象を指示する機能は持たず，対象の特性を叙述することを専らの機能とするが，名詞を含む句は叙述機能だけでなく，指示機能も果たすことができる．

(9) a. I met <u>a doctor</u> at the party. <u>The doctor</u> happened to be a friend of my father's.
  b. 私はそのパーティーである<u>医者</u>に出会った．<u>その医者</u>は偶然にも私の父の友人だった．

(9a) の a doctor, the doctor, (9b) の「ある医者」「その医者」は，(9a, b) が発話される特定の場面では，医者である特定の人物を指示する．これらの名詞句はこのように指示機能を持つ一方，指示する対象が医者であるという，指示対象の属性を表現しており，その意味では叙述機能も併せ持っている．

名詞句は叙述機能と指示機能を併せ持つと述べたが，名詞句が常に同じ程度に両機能を持つわけではない．名詞句の種類や名詞句が使われる文脈によって，名詞句の指示機能と叙述機能に違いが生じる．名詞句の指示機能と叙述機能に関しては，種類や使われる文脈によって，

1) 指示機能が強く，叙述機能が弱い場合：指示対象を特定する（ないしは指示対象の存在を伝達する）ことを主たる機能とし，指示対象の特性を表す叙述は指示機能の補助としてのみ機能する場合
2) 叙述機能が強く，指示機能が弱い場合：指示対象の特性を叙述することを主たる機能とし，指示対象に関してはその存在のみを暗に伝える場合

の二つの場合がある．説明の便宜上，1) の場合を名詞句の**指示指向用法**，2) の場合を**叙述指向用法**と呼ぶことにする．これら二つの用法について，英語の**定名詞句**（definite noun phrase）と**不定名詞句**（indefinite noun phrase）を例にとって説明しよう．

英語の定名詞句は，定冠詞（ないしは this, that などの指示形容詞，my, your, John's などの所有格名詞）を伴う名詞句および固有名詞（句）であり，不定名詞句は不定冠詞（ないしは数詞, some, any などの数量詞）を伴う名詞句である．英語の定名詞句および不定名詞句にも，それぞれ，上の二つの用法が認められる．

定名詞句と不定名詞句で用法の名称が異なるが，それぞれに次のような二種類の用法がある．

(10) 〈定名詞句〉
  i) **指示的用法**（referential use）― 1) の指示指向用法に該当する用法
  ii) **属性的用法**（attributive use）― 2) の叙述指向用法に該当する用法
(11) 〈不定名詞句〉
  i) **特定的用法**（specific use）― 1) の指示指向用法に該当する用法
  ii) **不特定的用法**（non-specific use）― 2) の叙述指向用法に該当する用法

1) の指示指向用法に該当する定名詞句の指示的用法と不定名詞句の特定的用法は次のようなものである．

(12) a. The book/Your book is on the desk.
  b. I met John at the party.
(13) a. I visited a museum yesterday.
  b. A big typhoon hit the main island of Japan.

指示指向用法の名詞句の機能は現実（または仮想）の世界に存在する個別の対象を指し示すことであるが，定名詞句と不定名詞句では指示の仕方に違いがある．指示的用法の定名詞句は話し手と聞き手がともに文脈や場面から特定できる対象を指示するのに対し，特定的用法の不定名詞句の場合は，その指示対象が話し手にのみ特定でき，聞き手にはその存在だけが主張される．(12) の定名詞句 the/your book や John の指示対象は (12) が発話される前の段階で話し手，聞き手両方に既知のものであるのに対し，(13) の不定名詞句 a museum や a big typhoon の指示対象は，(13) の発話の段階で初めてその存在（のみ）が話し手から聞き手に伝達される．これら指示指向用法の名詞句の場合，名詞が持つ意味（＝指示対象の特性）は指示対象を聞き手が同定するための補助として機能していることに注目されたい．

一方，叙述指向用法の名詞句は，下の例のように補語として用いられた場合，定名詞句，不定名詞句いずれも，主語の指示対象の特性を叙述する機能を専らとし，独立して対象を指示する機能は持たない．

(14) a. He's the president of FIFA, football's ruling body. (MED)
  b. He's the managing director of a small printing firm. (LDCE)
  c. Mary is my piano teacher.

(15) a. Mary is <u>a piano teacher</u>.
　　 b. He is <u>a famous artist</u>.　　　　　　　　　　　　（下線は筆者）

(14)(15)で補語として用いられている（不）定名詞句は，いずれも主語の特性（職務，職業など）を叙述している．属性的用法の定名詞句は，(14a, b)に見るように，"国際サッカー連盟の会長"（the president of FIFA）や"（会社の）代表取締役"（the managing director of …）のように，団体や組織の代表者としての役職や，(14c)の例のように，何かとの関係で特定化される役目や役割を表す．不特定的用法の不定名詞句は，(15)に見るように，主語の属性として性質や職業などを述べる．同じ"ピアノの先生"であっても，(14c)の定名詞句は主語 Mary が話し手との関係で"ピアノの先生"としての役割を果たすことを述べているのに対し，(15a)の不定名詞句は，主語 Mary の属性として，その職業が"ピアノの先生"であることを述べるものである．定・不定名詞句の間にこのような違いがあるものの，補語として用いられた場合の叙述指向用法の名詞句には，それ自体が独自に対象を指示する機能はない．なお，補語として用いられていても

(16) a. [= (7b)] The morning star is <u>the evening star</u>.（明けの明星は宵の明星だ．）
　　 b. Dr. Jekyll is <u>Mr. Hyde</u>.（ジキル博士はハイド氏だ．）

におけるように，それが指示的用法の名詞句である場合は，主語の特性の述べる**叙述文**（predicational sentence）ではなく，主語と補語の指示対象が同一であるという**同一性文**（identity statement）の解釈となる．

　叙述指向用法の名詞句が，補語ではなく，主語や目的語として用いられた場合には指示機能に少し変化が生じる．特に属性的用法の定名詞句の場合は**存在の含意**（existential import）を含むことになり，ある種の指示機能を持つことになる．指示的用法の定名詞句は当然のことながら存在の含意を持つが，属性的用法の定名詞句が持つ存在の含意はそれとどう違うのか．

　定名詞句の「指示的用法」と「属性的用法」という名称はもともとドネラン（Donnellan, K.）の指摘に由来する（Donnellan 1966）．定名詞句にこれら二つの用法があることを説明するため，ドネランは次の(17)の文を例に挙げ，それが二通りの解釈があることを指摘する．

(17) Smith's murderer is insane.

一つは Smith's murderer という定名詞句が指示的用法として解釈される場合で，

この定名詞句が指示する特定の対象(話し手や聞き手が Smith の殺害犯人として承知している特定の人物)について〈その人物は気が狂っている〉と述べているという解釈である.この場合,〈気が狂っている〉という話し手の判断は Smith の殺害という出来事から独立して行われている.もう一つは,ドネランが定名詞句の "attributive use"(属性的用法)と呼ぶ用法に用いられている場合の解釈で,この場合の (17) は〈Smith の殺害犯人は誰かわからないが,その残忍な殺害方法から判断して,犯人は気が狂っている〉と解釈され,この解釈では〈気が狂っている〉という話し手の判断が Smith の殺害という出来事と関係づけられる.この属性的用法の特徴は,この用法の定名詞句の指示機能が指示的用法のそれと比べると弱いということで,その指示の仕方は,指示対象の存在のみ伝達し,指示的用法の場合と異なって指示対象を特定化しないというものである.一方で,属性的用法の Smith's murderer は,その重要な機能として,〈Smith の(残忍な)殺害犯人〉という指示対象の特性(属性)を述べる叙述機能を持つ.

　定名詞句の属性的用法のもう一つの特徴は,それが Fauconnier (1985) のいう "役割"(role)を表すことである.属性的用法の定名詞句が表す意味は,あるもの(個体,集団,組織など)に対して果たすなんらかの "役割" である.例えば,(14) の定名詞句は,"国際サッカー連盟の会長"(the president of FIFA)や "(会社の)代表取締役"(the managing director of …)のように,団体や組織の中で果たす "役割"(代表としての職務)を表す."私のピアノの先生"(my piano teacher)も,話し手という個人に対して果たすピアノ教師という "役割" を表す."役割" を表す定名詞句が補語として用いられた場合には,(14) におけるように,叙述機能のみを果たし,独立になんらかの対象を指示する機能は持たない.他方,"役割" を表す定名詞句が主語や目的語として用いられた場合には,叙述機能を中心機能としつつも,(誰/何と特定化しないで,存在のみを含意する)弱い存在の含意を持つ.

(18) a. Do you know who the president of FIFA / the managing director of this company is?
　　 b. My piano teacher is Mr. Brown.
　　 c. I want to see your homeroom teacher / the Dean. (あなたの担任の先生/学部長 [指示対象が誰かは不明で,その "役割"(職)にある人の意味で])

Smith に対して殺害を犯すという "役割" を果たす (17) の Smith's murderer も次

のように補語として用いられると，叙述機能のみの用法となる．

(19) John Brown is Smith's murderer.（John Brown は Smith の殺害者である.）

なお，(19) の Smith's murderer は指示的用法としての解釈もあり，この場合は主語と補語の指示対象が同一人物であることを表す同一性文の解釈となる．

このように"役割"を表す属性的用法の定名詞句が主語や目的語となる場合は，(誰／何と特定しないため) 不完全ではあるものの，何かの"役割"を果たす存在物を指し示す機能がある．(18) の文は，いずれも，定名詞句が指し示すもの，つまり"国際サッカー連盟の会長""この会社の代表取締役"などの"役割"を果たす人が存在することを前提として発話される．これは，主語や目的語として用いられる定名詞句が，一般に，(誰／何と特定されなくても) 最小限その指示対象が存在するという，存在の含意を含んでいなければならないからである．

同じ叙述指向用法でも不特定的用法の不定名詞句は，属性的用法の定名詞句とは異なり，存在の含意を持たない．特定的用法の不定名詞句が現れるのは，多くの場合，上で述べた

(20) [= (13)] a. I visited a museum yesterday.
　　　　　　 b. A big typhoon hit the main island of Japan.

のような，話し手が現実に発生したことを述べる文中であるのに対し，不特定的用法の不定名詞句が現れるのは，①補語として用いられる場合，および②仮想／願望／未来の世界のような非現実世界の事態を述べる文中で用いられる場合である．①の補語として用いられた場合については (15) の例を挙げ，上ですでに述べた．②の非現実世界の事態を述べる文中で生じる例は次のようなものである．

(21) a. I would like to go to see a movie. [願望の世界の事態]
　　　b. Somebody, call a policeman! [願望 (ないしは未来) の世界の事態]
　　　c. She had a house so large that an elephant would get lost without a map.
　　　　 [仮想の世界の事態]

不定名詞句の不特定的用法は，定名詞句の属性的用法と同様に叙述指向的であるので，その機能は叙述機能が中心で，不定名詞句の意味が伝達する情報の重要な要素となる．一方，指示機能に関しては，補語としての不特定的用法の不定名詞句は，属性的用法の定名詞句同様，指示機能を持たないのに対し，(21) におけるように主語や目的語として用いられた不特定的用法の不定名詞句は，現実世界ではなく，仮想／願望／未来の世界に存在するであろうと話し手が想定する対象

を指し示す．完全な（強い）指示機能が，話し手と聞き手がともに承知している特定の指示対象を指し示すことであるとすると，不定名詞句は特定的用法であっても話し手のみが（どの人／ものと）承知している対象を指し示すので，その指示機能は完全なものではない．例えば，(20a) の a museum の指示機能は I visited the museum yesterday. の定名詞句と比べると弱い．(21) の不特定的用法の不定名詞句の指示機能はさらに弱く，一方でその叙述機能が強いので，(21a) は〈どんな映画であれ，映画が見たい〉，(21b) は〈誰であれ，警官を呼んでくれ〉の意となり，名詞 movie, policeman の概念に当てはまるものであれば，その指示対象がどの映画／警官であるかを問わないことを表す．なお，特定的用法の不定名詞句は非現実的事態を表す文中にも生じ得るので，次の文の不定名詞句には，i) 特定的用法と ii) 不特定的用法の二通りの解釈が生れる．

(22) Mary wants to marry a rich man.
 i) Mary wants to marry a certain rich man.（さる金持ちの男）［特定的用法］
 ii) Mary wants to marry whoever is a rich man.（誰であれ，金持ちの男）［不特定的用法］

1.2 意味の種類

1.2.1 概念的意味と非概念的意味

言語表現が伝える意味には，それが本来的に持っている意味と，用いられる文脈や場面に影響されて生じる意味がある．前者の言語表現が本来的に持っている意味とは，"指示対象に共通する特性"を表すとして上で議論してきた意味で，辞書に記載されている意味である．これは，**概念的意味**（conceptual meaning）や**辞書的意味**（dictionary meaning）と呼ばれる．後者の意味は，言語表現が用いられる文脈や場面（社会・文化的背景も含む）との関係，ないしはそれからの連想で，言語表現（の概念的意味）に付け加わる意味である．便宜上，後者の意味を**非概念的意味**と呼ぶことにしよう．非概念的な意味について詳しくは以下の項（1.2.7 項）で述べる．

概念的意味という名称の元となる**概念**（concept）とは，事物や出来事をカテゴリー（類）として把握することから生まれる認識で，この認識は事物や出来事の個別的・差異的特徴を排除し，共通的・本質的要素を抽出することによって得ら

れる．この概念の抽出の過程を**概念化**（conceptualization）という．言語表現である語は，このようにして得られる概念（すなわち，カテゴリー認識）にわれわれが与える名称であり，また概念化の対象である事物や出来事とはこれまでに述べた指示対象のことである．このように，概念とは指示対象から共通的・本質的要素として抽出したカテゴリーとしての認識であるので，その内容は1.1.2項で述べた「内包」，つまり，"指示対象に共通する特性"（の総体）と説明した言語表現の意味，つまり，概念的意味である．言い換えると，言語表現の概念的意味は，当の表現が表す概念の内容である．そこで，以下では言語表現の「概念的意味」を，必要な時以外は，単に「概念」ということにする．

1.2.2 概念間の関係

〈人〉という概念を表す「人間」または「人」という語の指示対象は現実（仮想）世界に存在するすべての人間であるが，人間全体は性別，年齢などを尺度として下位分類され，〈男〉〈女〉〈大人〉〈子供〉などの概念が生じ，それらの概念の名称として日本語には「男」「女」「大人」「子供」などの語が存在する．それゆえ，〈人〉という概念（＝内包）の外延（＝指示対象の集合）は〈男〉〈女〉〈大人〉〈子供〉などの外延を包含する（〈男〉〈女〉〈大人〉〈子供〉などの外延は〈人〉の外延の部分集合である）．この場合，包含する概念を「上位概念」，包含される概念を「下位概念」という．〈男〉〈女〉〈大人〉〈子供〉などは〈人〉の下位概念であり，〈人〉は〈男〉〈女〉〈大人〉〈子供〉などの上位概念である．また，上位概念と下位概念の関係は，**上下関係**（hyponymy）と呼ばれる［上下関係について詳しくは第2章参照］．さらに，上下関係にある概念群のうち，上位概念を表す語は**上位語**（hypernym），下位概念を表す語は**下位語**（hyponym）と呼ばれる．また，下位語同士の間では，一つの下位語は他の下位語の**同等下位語**（co-hyponym）と呼ばれる．「人間」は「男」や「女」の上位語，「男」や「女」は「人間」の下位語，また「男」は「女」の同等下位語である．

一つの上位概念に包含される下位概念間の関係には，排他的な関係と交差的な関係がある．排他的関係とは，一つの下位概念の外延（指示対象）であるものがその概念と同位関係にある他のどの下位概念の外延にも属さない，という関係をいう．例えば，〈哺乳類〉という上位概念の下にある〈人〉〈馬〉〈牛〉〈犬〉〈猫〉〈羊〉などの下位概念はお互いに排他的で，例えば，〈人〉の外延，すなわち，人

間であるものは他のどの種の哺乳類でもありえない．

(23) a. 赤，青，黄，緑，茶，白，黒，…
　　 b. 優，良，可，不可

といった色彩語や成績評語の概念同士も排他的関係にある．一方，交差的関係とは二つ（以上）の概念の外延の一部が相互に重なり合っている関係をいう．例えば，〈人〉の下位概念である〈男〉〈女〉〈大人〉〈子供〉〈日本人〉〈アメリカ人〉などは相互に排他的ではなく，これらの概念のうちのいくつかがその外延の一部で重なり合う．すなわち，〈人〉の外延の一部には《大人の日本人男性》という指示対象（以下，《　》は指示対象（外延）を示す記号として用いる）が含まれており，この指示対象には〈男〉〈大人〉〈日本人〉という三つの概念が重なり合うことになる．このように，一つの指示対象の中で複数の概念が共存する場合の概念同士の関係が交差的関係である．なお，〈人〉の下位概念のすべてが相互に交差的関係にあるわけではない．〈男〉対〈女〉，〈大人〉対〈子供〉，〈日本人〉対〈アメリカ人〉は相互に排他的である（すなわち，《男であり同時に女である人間》や《大人であり同時に子供である人間》は存在しない）．では，なぜ〈人〉の下位概念間にこのような状況が生じるかというと，〈人〉の下位概念はいろいろな**視点**（perspective）から分類されているからである．〈男〉対〈女〉は性別という視点から，〈大人〉対〈子供〉は成人であるか否かという視点，〈日本人〉対〈アメリカ人〉は国籍という視点からの分類である．人間は，他の動物と異なり，生物学的な属性に加えて，様々な社会・文化的属性を持つ．したがって，その分類は性別や年齢のような生物学的視点からだけでなく，国籍，宗教，家族関係，職業など社会・文化的視点からの分類も存在する．哺乳類を生物学的に種類分けする（ここでの目的は厳密な生物学的分類ではない）という単一の視点から分類した図1と，種々の視点から〈人〉とその下位概念の関係を（略式に）示した図2を比較されたい．

　図1，2からも明らかなように，一つの視点から分類された下位概念同士は排他的関係にあり，異なった視点から分類された下位概念同士は交差的関係にあることがわかる．《人であり同時に馬である》指示対象や，《男性であり同時に女性である》指示対象は存在しないのに対し，《女性の大人の日本人で，会社員である人間》は存在する．

図1 哺乳類の分類

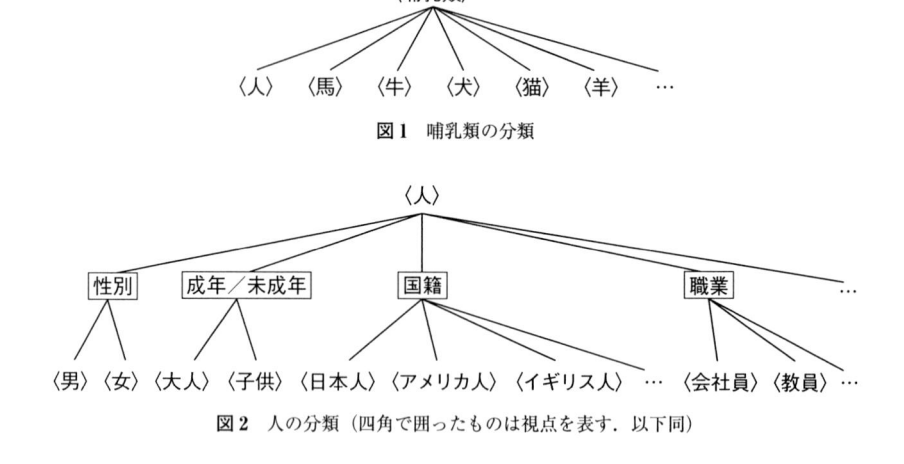

図2 人の分類（四角で囲ったものは視点を表す．以下同）

1.2.3 概念の階層

　概念間の関係は，前項で見た"上位概念─下位概念"という単層ではなく，実際には下位概念自体が上位概念となってその下に下位概念を従え，さらのその下位概念が上位概念となってさらなる下位概念を従える，というように階層的になっていることが多い．このようにして生まれる階層を**概念の階層**（conceptual hierarchy）という．例えば，〈家具〉という上位概念には〈卓〉〈椅子〉〈タンス〉〈ベッド〉〈食器棚〉などの下位概念が含まれるが，下位概念の一つ〈卓〉にはその下位概念として〈机〉と〈テーブル〉が含まれる（日本語では「卓」は「机」と「テーブル」の汎称であり，英語では「卓」に相当する語は table である．英語では desk は table の一種とみなされる）．さらに，〈机〉にはその用途を視点とした下位概念として〈事務机〉〈学習机〉〈書斎机〉〈教卓〉〈PCデスク〉などの概念が含まれ，一方ではその形状を視点とした下位概念として〈平机〉〈片袖机〉〈両袖机〉〈ロールトップデスク〉〈脇机〉〈座机〉などの概念が含まれる．

　〈机〉の下位分類の場合も，図3に見るように，用途と形状・構造という視点を含むので，用途に基づく下位概念の外延と形状・構造に基づく下位概念の外延は交差する．すなわち，《平机形の事務机》《片袖机形の事務机》《両袖机形の事務机》などが存在する．

　概念の階層を形成するものは上に見た名詞が表す事物概念の場合だけでなく，

1.2 意味の種類

図3 家具の階層

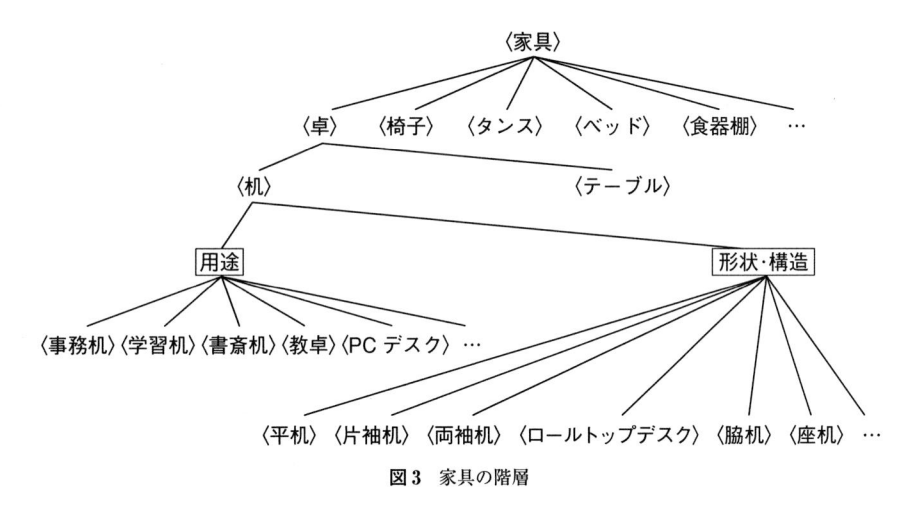

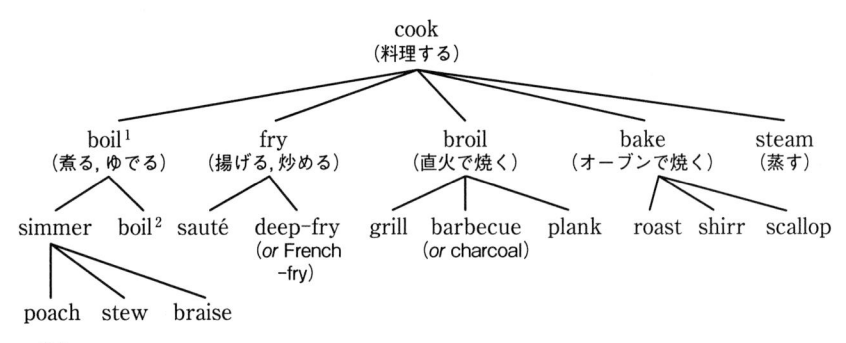

図4 英語料理用語の階層

（注）
simmer：沸騰点より少し低い温度のお湯で長時間調理する，コトコト煮る．
boil：沸騰しているお湯でゆでる．
poach：沸騰点よりかなり低い温度のお湯その他の液体で材料の形を崩さないようにゆでる．poached eggs（落とし卵）
stew：とろ火で煮る，煮込む．
braise：油で炒めてから蒸し煮にする
sauté：少量の油で炒める．
deep-fry（French-fry）：揚げ物用の深い鍋に材料が全部浸かる量の油を入れて揚げる．
grill：焼き網を使って直火で焼く．
barbecue（charcoal）：戸外で炭火などを入れた炉で（直火で）焼く．
plank：《米》（魚・肉などを）板に乗せて焼き，（そのまま）食卓に出す．
roast：肉や野菜をオーブンで調理する．
shirr：（卵を）浅い皿に入れオーブンなどで焼く．
scallop：貝鍋で蒸し焼きする．

動詞が表す行為概念の間にも見られる．例えば，〈料理する〉という行為を表す上位概念には，それに関係した様々な下位概念が存在するが，それらが形成する概念の階層を見てみよう．図4はレーラー（Lehrer 1969, 1974）の分析を参考にした英語の料理用語の階層図である（日本語の料理用語の場合も類似の階層が存在する）．

料理用語の場合は，当然のことながら，分類の基準（視点）は料理の方法（水を使う，油を使う，直火で焼く，オーブンで焼くなど）であるが，階層が下位の用語ほどより込み入った料理の仕方を表す．

1.2.4 概念の成分分析

語が表す概念間の関係は，前項の図1～4に見るような階層構造として捉えることができることを見てきたが，一つの言語表現の概念（的意味）がどのような内容であるかは階層構造では示しえない．例えば，「少年」という語の概念は"〈人〉〈男〉〈子供〉"という三つの下位の概念が結合したものであるが,図2の階層図はこれら三つの概念間の関係を示すのみで，一つの語の概念がどのような下位の概念から構成されているかについては何も示さない．一つの概念がより小さい**成分**（component）（＝下位概念）に分析可能な場合に，概念を成分に分析することを**成分分析**（componential analysis）という［成分分析の詳しい説明は第2章参照］．成分分析は言語表現が表す概念がどのような成分から構成されているかを示すことができる．

成分分析の例として，〈人〉の下位概念を表す表現「男」「女」「大人」「子供」「少年」「婦人」の成分分析を以下に示す．

(24) 男：［＋人間］∧［＋男性］
　　　女：［＋人間］∧［－男性］
　　　大人：［＋人間］∧［＋成人］
　　　子供：［＋人間］∧［－成人］
　　　少年：［＋人間］∧［＋男性］∧［－成人］
　　　婦人：［＋人間］∧［－男性］∧［＋成人］　　　（∧は"and"の意の論理記号）

成分分析では語の概念の成分を［　］でくくり，"＋／－"を付けて示すのが慣例である．［＋〜］は〜という成分を含むことを表し，［－〜］は〜とは反対の（対立する）成分を含むことを表す．［－男性］は女性であることを，［－成人］は未

成年であることを表す．ただし，[−〜]を用いるのは，〈男〉対〈女〉，〈大人〉対〈子供〉のように，二項対立（排反）的関係（一方でなければ必ず他方である関係）にある対概念の場合のみで，色彩語や"〈人〉対〈馬〉対〈牛〉対…"のように多項対立的関係にある概念には用いない．多項対立的関係にある概念の分析には，[＋赤][＋人間]のように[＋〜]のみを用いる．

　語の概念には，(24)の「少年」や「婦人」の例に見るように，〈男〉／〈女〉（＝[＋男性]／[−男性]）と〈大人〉／〈子供〉（＝[＋成人]／[−成人]）という交差的関係にある下位概念が含まれる．交差関係にある下位概念〈男〉／〈女〉と〈大人〉／〈子供〉は，階層図においては，図2に見るように，対等の位置にあるものとして扱われるが，このような階層図では，〈婦人〉（＝大人の女性）という概念は〈女〉の下位概念でもあると同時に〈大人〉の下位概念でもあるので，どちらと扱えばよいのかが問題となる．これに対し，「婦人」という語の概念の成分分析は'[＋人間]∧[−男性]∧[＋成人]'となり，この意味表示（＝成分分析の結果の表示）には[−男性]と[＋成人]という成分が含まれているところから，「婦人」の概念が「女」のそれと上下関係にあり，同時に「大人」のそれとも上下関係にあることを適切に示しうる．

　ただし，成分分析にも問題がないわけではない．例えば「紳士」という語は，辞書では〈品格があって礼儀にあつい人〉（『広辞苑』第6版）と定義されているが，この概念の〈人〉（＝成人男性）という部分は[＋人間]∧[＋男性]∧[＋成人]と成分分析できるのに対し，この語固有の〈品格があって礼儀にあつい〉という部分はどのような成分に分析するのが適切なのか，容易に決めがたい．

1.2.5　類概念と種概念

　上で述べた上位概念と下位概念は，論理学では，それぞれ**類概念**（generic consept）と**種概念**（specific concept）とも呼ばれる．図3に示したように，〈家具〉という類概念は「家具」という名称の類（カテゴリー）を表し，〈机〉〈椅子〉〈タンス〉〈ベッド〉〈食器棚〉などの種概念は，それぞれの名称の種を表す．類の構成要素（成員）である，種の概念の定義は，通常，

　1）**最近類**：他の成員と共通する性質（何の仲間であるか）
　2）**種差**：他の成員との本質的な相違（他の仲間との違い）

という二つの観点から行われる．「机」や「椅子」の概念の辞書での定義は

(25) 机：書を読み，字を書くのに用いる台
　　　椅子：こしかけるための家具　　　　　　　　　　　（『広辞苑』第6版）

であるが，これらの概念の最近類は〈家具〉であり，この定義に従えば〈机〉と〈椅子〉の種差は，それぞれ，〈書を読み，字を書くのに用いるもの〉および〈こしかけるためのもの〉である．

　動物は生物学的には背骨があるか否かで脊椎動物と無脊椎動物に分類され，さらに脊椎動物は哺乳類，鳥類，は虫類，両生類，魚類に分類される．これらの類の最近類は上位概念の〈脊椎動物〉であるが，種差を（説明の便宜上の略式の）成分分析法で示すと次のようになる．

(26) 哺乳類：[－卵生]∧[＋肺呼吸]∧[＋恒温]∧[＋陸上]
　　　鳥類：[＋卵生]∧[＋肺呼吸]∧[＋恒温]∧[＋陸上]
　　　は虫類：[＋卵生]∧[＋肺呼吸]∧[－恒温]∧[＋陸上]
　　　両生類：[＋卵生]∧[＋肺／皮膚呼吸]∧[－恒温]∧[＋水辺]
　　　魚類：[＋卵生]∧[＋えら呼吸]∧[－恒温]∧[＋水中]
　　　　（注）[±卵生]は生殖の仕方を，[＋〜呼吸]は呼吸法を，[±恒温]は体温を，[＋陸上／水辺／水中]は生活場所を表す．また，[－卵生]は胎生であること，[－恒温]は変温（動物）であることを表す．

このような概念の定義で問題になることは，概念の定義と外延の間にずれが生じることである．人間，牛，馬，犬，猫など哺乳類の典型的な成員は胎生により生殖し，肺により呼吸し，体温は恒温で，陸上に住むので，(26)のように定義される概念に完全に当てはまる（その外延に完全に含まれる）．しかし，哺乳類の成員のすべてが(26)の種差の定義に完全に当てはまるわけではない．哺乳類でも水中で生活する鯨，イルカ，ジュゴン，マナティーや，胎生でなく，卵生であるカモノハシは(26)の定義には一部当てはまらない．また，鳥類の場合は(26)の種差の定義に，次のように[＋飛行]（飛ぶことができる）や[＋翼]（翼を持つ）といった成分を付け加えることができる．

(27) 鳥類：[＋卵生]∧[＋肺呼吸]∧[＋恒温]∧[＋陸上]∧[＋飛行]∧[＋翼]

スズメ，ツバメ，トビ，タカのような，鳥類の典型的な成員は(27)の定義に完全に当てはまるのに対し，飛行ができないダチョウやペンギンは典型的な成員と比べると，[＋飛行]という属性を欠く．「こうもり問題」と呼ばれる分類上の問題を生み出したコウモリは哺乳類に属するにもかかわらず，翼を使って飛行する

（［＋飛行］∧［＋翼］という属性を持つ）．すなわち，コウモリの定義の最近類は〈哺乳類〉であるにもかかわらず，その種差には〈鳥類〉の種差属性の一部が含まれるということである．

(28) コウモリ：［－卵生］∧［＋肺呼吸］∧…∧［＋飛行］∧［＋翼］
　　　　　　　　　哺乳類の属性　　　　　　　　鳥類の属性

飛べないダチョウやペンギンは鳥類とみなされ，飛べるコウモリは鳥類とはみなされないということは，［＋飛行］という属性が鳥類を哺乳類と区別する弁別的な種差属性ではないことを意味しているように見える．しかし，ダチョウやペンギンもかつては飛ぶことができ，進化の過程でなんらかの理由で飛ぶ能力を失ったといわれる．一方，［＋翼］がダチョウやペンギンを含む鳥類の弁別的属性に含まれるのは，翼を持つ生き物には潜在的な飛行能力があると見なす認識がわれわれ人間にあるからかもしれない．現に，鳥を模して人間が作り出した乗り物である飛行機には翼があり，乗り物という類に含まれる飛行機の弁別的属性には '［＋飛行］∧［＋翼］' が含まれる．他方，コウモリは古い時代には鳥類と分類されていた．コウモリが持つ '［＋飛行］∧［＋翼］' という鳥類的属性が人間の類（カテゴリー）認識に強く作用したためであろう．その後コウモリが哺乳類と分類されるようになったのは，人間の生物学的な知識が増大し，コウモリについての類認識が改められたためであろう．

1.2.6　曖昧性と不明確性

類概念と種概念の区別は意味の曖昧さという現象にも関わっている．例えば，

(29) a. I like the dish. (私はその大皿／料理が好きだ．)
　　 b. He went to the bank. (彼はその銀行／土手に行った．)

における dish は〈大皿〉と〈料理〉，bank は〈銀行〉と〈土手〉の二通りの意味に解釈でき，意味が曖昧である．dish のような複数の語義を持つ多義語や，bank のような**同音異義語**（homonym；語源が異なるが，たまたま同一の発音と綴り字を持つ語）が生み出す意味の曖昧さは，異なった類概念間の曖昧さで，これを（狭い意味での）**曖昧性**（ambiguity）という．一方，

(30) a. Mary cooked the meat.
　　 b. My neighbor is talkative.

の曖昧さは (29) の文の曖昧さとは性質が異なる．図4の料理用語の階層図に見るように，cook〈料理する〉は最上位の類概念で，料理の方法により boil〈煮る〉，fry〈揚げる〉，broil〈直火で焼く〉，bake〈オーブンで焼く〉，steam〈蒸す〉の下位の五つの種概念に分かれる．したがって，cook を用いた (30a) の意味は，Mary がどの方法で肉を料理したのかについては曖昧である．また，neighbor〈隣人〉という類概念を表す語の場合は，その類概念の下位概念として〈男性の隣人〉〈女性の隣人〉〈大人の隣人〉〈子供の隣人〉などの種類が考えられるが，(30b) ではどの種類の隣人が意図されているのか曖昧である．(30) の文の曖昧さは，(29) の例における異なった類概念間の曖昧さと異なり，一つの類概念の下の異なった<u>種概念間の曖昧さ</u>である．〈料理する〉という類概念の下の〈煮る〉〈揚げる〉〈直火で焼く〉〈オーブンで焼く〉〈蒸す〉などの種概念は，異なった"料理の仕方"が追加要素として加わった概念である．(30a) の曖昧さは cook の概念が"料理の仕方"についての規定を欠くことから生じるものであり，種概念が表す料理方法の種類に関わる曖昧さである．このような曖昧さを意味論では**不明確性**（vagueness）と呼び，狭義の曖昧性（ambiguity）と区別する．

曖昧性と不明確性の違いはある種の構文で明確に現れる．

(31) a. two <u>dishes</u>
b. two <u>neighbors</u>

のような'数量詞＋名詞'の構文では，(29a) では曖昧性を生む dish の解釈が〈二つの大皿〉か〈二つの料理〉かのどちらかになり，〈大皿と料理〉という解釈にはならない．これに対し，男性の隣人，女性の隣人，大人の隣人，子供の隣人のどれをも表しうる不明確な neighbor を含む (31b) の two neighbors の場合は，〈二人の男性の隣人〉と〈二人の女性の隣人〉以外に〈男性の隣人と女性の隣人の二人〉をはじめ，隣人の性別や大人・子供の別に関係なくどの二つの組み合わせをも表しうる．また，

(32) a. John went to the <u>bank</u> and so did Bill.
b. Mary <u>cooked</u> her meat and so did Susan.

のような do-so 言い換え構文では，曖昧な bank を含む (32a) の解釈は，〈John も Bill もともに銀行に行った〉か〈John も Bill もともに土手に行った〉となり，〈John は銀行に行き，Bill は土手に行った〉という解釈にはならない．同じ構文で，不明確な cook を含む (32b) の文は，〈Mary, Susan ともに肉を料理した〉ことを表

すものの，料理の仕方は区別しないので，実際には〈Mary は肉を炒め，Susan は肉をオーブンで焼いた〉というような二つの異なった種類の出来事を指し示すことができる．

1.2.7 非概念的意味

前項まで述べた概念的意味は言語表現が表す概念の内容であるが，非概念的意味とは，言語表現が用いられる文脈や場面（社会・文化的背景も含む）との関係やそれからの連想により言語表現に付け加わる意味である．リーチ（Leech, G.）は，言語表現の意味には，概念的意味に加えて次のような種類の非概念的意味があるという（Leech 1981: 12-23）．

1) 内包的意味（connotative meaning）
2) 社会的意味（social meaning）
3) 情緒的意味（affective meaning）　　　連想的意味（associative meaning）
4) 投影された意味（reflected meaning）
5) 連語的意味（collocative meaning）
6) 主題的意味（thematic meaning）

内包的意味（connotative meaning）とは"言語が指示するものによって伝えられる意味"（what is communicated by virtue of what language refers to）と定義されるもので，語の指示対象から連想される指示対象特有の特性を指す．例えば，英語の mother や日本語の「母」が使われた場合，聞き手には〈女性の親〉という概念的意味に加えて，この語の指示対象である実際の母親から連想される優しさ，愛情深さ，慈愛の深さなどのイメージが伝わる．このように指示対象からの連想から生まれる余剰的意味が内包的意味である．内包的意味は連想から生まれるものであるので，主観的で一定しない（人によって内容が異なる）ので，概念的意味のように辞書に記載されることはない．

社会的意味（social meaning）とは，"言語使用の背景にある社会的状況について伝えられる内容"（what is communicated of the social circumstances of language use）と定義される．年齢層，性別，社会階層，文化などの社会的背景を反映する意味で，言語表現の文体的特徴として現れるので，**文体的意味**（stylistic meaning）とも呼ばれる．例えば，

(33) 父，お父さん，お父ちゃん，親父，パパ

の各語は〈男の親〉という概念を表し，概念的意味は同じであるが，使われる場面や社会的状況が異なる．「父」は改まった場面で話し手が自分の父親のことをいう場合に用いられ，「お父さん」と「お父ちゃん」は，通常，父親に対する呼びかけ語として用いるもので，「お父さん」は一般的な呼称であり，「お父ちゃん」は小さな子供が用いる呼称であるが，大人でも親しみを表すのに用いることがある．「親父」は主として大人の男性が父親のことを親しみを込めて言う場合に用いられ，「パパ」は幼児語である．このほかにも日本語には，「父上」「尊父」「父君」など，敬語表現が多数存在する．〈男の親〉を表すこれらの語は，概念的意味に加えて，語を用いる話し手（書き手）とその父親，および聞き手（読み手）との間の親密さの度合い，発話の場の堅苦しさ（formality）の程度などの言語使用の社会的状況を伝える．英語の father, dad, daddy, pop, papa など間にも類似の社会的意味の相違がある．また，「父ちゃん」「おとう」「おとん」などの間に見られる方言差も社会的意味の相違と言える．

　情緒的意味（affective meaning）とは，"話し手／書き手の感情や態度について伝えられる内容"（what is communicated of the feelings and attitudes of the speaker/writer）で，話し手／書き手が表現に込める（または聞き手／読み手が表現から感じ取る）感情や心的態度をいう．例えば，

(34) a. Stop being so <u>bloody</u> arrogant.（そんなにむやみと偉ぶるのはやめろ．）

(MED)

　　 b. What a <u>darling little</u> dress! I simply must have it!（なんとかわいいドレスなんでしょう．どうしても買わなければ．）　　　　　　　　　(<i>ibid.</i>)

の bloody や darling little は単に強意表現であるばかりでなく，表現の対象に対する話し手の嫌悪の情や愛情を表すので，情緒的意味を含むといえる．

　投影された意味（reflected meaning）とは，"同じ表現の別の語義からの連想によって伝えられる内容"（what is communicated through association with another sense of the same expression）と定義されるもので，複数の語義を持つ語が使われた際に，使用者が意図する語義に別の語義が重なり合って伝えられる場合があり，この場合の別の語義を投影された意味という．忌み言葉や禁句の多くはこの意味に関係する表現である．婚礼の際には，「切る」「去る」「分かれる」などは忌み言葉であるが，例えば，「切る」には〈物を切る〉以外に〈結びついたものを分かち離す〉という語義があり，後者の意味が縁切り，すなわち，離婚を連想させ

るので婚礼では嫌われる．よく知られている英語の禁句 (taboo word) の例は cock で，この語には〈雄鶏〉という第一義のほかに，アメリカ英語では〈男性器〉の語義があり，この語義からの性的連想が嫌われ，アメリカではこの語の使用を避ける傾向がある．

連語的意味（collocative meaning）とは，"一つの語と連語として共起することが多い語群からの連想によって伝えられる内容"（what is communicated through association with words which tend to occur in the environment of another word）で，共起する連語から連想される意味をいう．英語の pretty と handsome は，〈good-looking〉（器量のよい）という概念的意味を共有するが，pretty は girl, woman, flower, garden, color, village など女性的なものやかわいいものと共起する傾向があるのに対し，handsome は boy, man, car, vessel, overcoat, airliner, typewriter など男性的なものや機械・乗り物類と共起することが多い．英語では pretty woman と handsome woman はともに可能な表現であるが，この場合の女性の器量のよさには違いが感じられ，前者はかわいい器量の良さ，後者は顔立ちの整った男性的な美しさを感じさせる．

最後の**主題的意味**（thematic meaning）は，上に述べた 1)〜5) の連想的意味とは異なり，語が持つ意味ではなく，文が持つ意味である．"語順や強調によって作り出される情報の組織（構造）によって伝えられる内容"（what is communicated by the way in which the message is organized in terms of order and emphasis）と定義されるように，語順や強調によって作り出される情報構造，すなわち，既知の情報（旧情報）と新しく伝える情報（新情報）の配置が伝える意味である．

(35) a. John owns the biggest shop in London.
　　 b. The biggest shop in London belongs to John.

は同じ概念的意味を伝えるが，何を主語（旧情報）の位置に配置するかによって伝えられる主題的意味が異なる．また，

(36) a. Danish cheese, I like best.
　　 b. It's Danish cheese that I like best.
(37) a. Bill uses an *electric* razor.［electric にストレスが置かれる］
　　 b. The kind of razor that Bill uses is an electric one.

などの語順の組み替えや強調（構文）を含む文も，通常の語順・イントネーションの文に特別な主題的意味を付け加える．

語の意味でない主題的意味はもちろん，1），3），4），5）の連想的意味は主観的で，言語社会の中で固定することのない意味であるので，辞書で扱われることはない．ただ，同義語の文体差［(33) の例参照］を生み出す 2）社会的意味は例外で，「formal–informal」「標準語–俗語–卑語」などの区別は語の情報として辞書に記載されることが多い．

🔍 より深く勉強したい人のために

- Lyons, John（1977）*Semantics*, Vols. 1 and 2, Cambridge: Cambridge University Press.
  2 巻に分かれた意味論の古典的大著であるが，本章で述べた意味と指示対象の関係，言語学における意味論と哲学・論理学との関わりに関しては第 1 巻に詳しく解説されている．
- Leech, Geoffrey（1981）*Semantics*, Second Edition, Harmondsworth: Penguin Books.
  本章で紹介した"意味の種類"のほか，"意味の意味""概念の体系""言語と論理""意味の成分分析"などの意味論の基本的問題を詳しく解説した名著．
- 金水敏・今仁生美著（2000）『意味と文脈（現代言語学入門 4）』岩波書店．
  最初の三章で，"意味とは何か"にはじまる言語の意味の基本的問題，論理学と言語学での意味論の関係，自然言語の形式意味論を扱っている．新しい意味研究の動向を知る上で便利な書．
- Murphy, Lynne（2010）*Lexical Meaning*, Cambridge: Cambridge University Press.
  語の意味（word meaning）の新しい分析法や分析理論を紹介する最新の解説書．本書の第 I 部（Part I）で，本章で扱った"意味とは何か""概念としての意味""意味成分""プロトタイプ"といった，語の意味の基本的問題の新しい取り扱い方が紹介されている．

✏️ 演習問題

1. 本章の 1.1.4 項で述べられていることを参考にして，次の (1) と (2) の文において不定名詞句 a doctor の用法が特定的か非特定的かによって，その名詞句を受ける代名詞は人称代名詞 him か one のどちらかが選ばれなければならない理由を説明しなさい．
   (1) Mary wants to marry a doctor and Betty wants to marry him / *one, too.
        　　　　　　　　　　　　特定的用法　　　　　　　　　　　　one は不可
   (2) Mary wants to marry a doctor and Betty wants to marry one / *him, too.
        　　　　　　　　　　　　非特定的用法　　　　　　　　　　　him は不可

2. 「手先の器用な日本人」という表現は，〈日本人全体が他の国民と比べて手先が器用で

ある〉という意味と〈日本人の中の手先の器用な人たち〉という意味の二通りの解釈ができる．このように二通りの解釈ができる理由を〈日本人〉という概念の捉え方に基づいて説明しなさい．

> ヒント：〈日本人〉は国籍を視点として捉えた〈人〉の種（下位）概念であると同時に，様々な種類の日本人を包括する類（上位）概念でもある．

3. 英語の料理用語の boil [1]（1.2.3 項の図 4 参照）に相当する日本語「煮る [1]」（＝熱した水で料理する）には，「煮る [2]」「茹でる」「炊く」の三つの下位語が存在する．これらの下位語の意味の違い（種差）は何であるか答えなさい．また，その違い（種差）と英語の boil [1] の下位語 boil [2] と simmer の間に見られる違い（種差）との相違を述べなさい．

📖 文 献

Donnellan, Keith (1966) "Reference and Definite Descriptions," *Philosophical Review* **60**: 281-304.
Fauconnier, Gilles (1985) *Mental Spaces*. Cambridge, MA: MIT Press.
Karttunen, Lauri (1976) "Discourse Referents," in J.D. McCawley (ed.) *Syntax and Semantics 7, Notes from the linguistic underground*, New York: Academic Press, 363-386.
Leech, Geoffrey (1981) *Semantics*, Second Edition, Harmondsworth: Penguin Books.
Lehrer, Adrienne (1969) "Semantic Cuisine," *Journal of Linguistics* **5**: 39-55.
Lehrer, Adrienne (1974) *Semantic Fields and Lexical Structure*, Amsterdam and London: North-Holland.

利用辞書

新村出（編）(2008)『広辞苑（第 6 版）』，岩波書店．
LDCE = *Longman Dictionary of Contemporary English*, 5th Edition (2009), Edinburgh: Pearson Education Limited.
MED = *Macmillan English Dictionary*, 2nd Edition (2007), Oxford: Macmillan Publishers Limited.

第2章 語 の 意 味

二村 慎一

　本章では，文を構成する基本的な単位である語の意味を考察する．まず初めに，意味論において語の意味を考える際に，どのようなことに注目すべきかを述べ，次に，語の意味をどのように分析することができるのかを考える．具体的には，語は他の語と意味の上でなんらかの関係を持つことに注目し（2.1節），その関係をどのように特徴づけることができるのかを見ていく（2.2節）．そして，語と語の意味上の関係の分析方法として，意味の成分分析や語彙分解といった分析方法を紹介したい（2.3, 2.4節）．

2.1　語と語の意味関係—意味場理論

　我々は語の表す内容をどのように理解しているのだろうか．例えば，知らない英単語に出会ったとき，我々は英和辞書等を引き，そこに記載されている語義がその語の表す内容であると理解するであろう．そうすると，一般的な辞書には，その言語で使われる語が列挙され，その意味が単語ごとに別々に記載されているので，あたかも語がその言語内で別々に存在し，語の意味はその語単独で決定される，と思ってしまう．しかしながら，実際は，ある語の意味を理解するためには，関連する様々な知識が前提として必要になる．

　例えば，「夏」という語が表す季節からは，"四季の一つ"，"四季の中で一番暑い"，"四季の中で日が一番長い"，"春の次に来る"といった特徴が思い浮かぶ．これらの特徴は毎年めぐってくる実際の夏（「夏」の指示対象）が共通に持つ特徴で，「夏」という語が持つ意味である [1.1.1 項参照]．ということは，四季の知識があって初めて「夏」の正確な意味を理解することができることになる．つまり，語の意味は，それと関連するものや対立するものとの比較の上に成り立っているわけである．

　語と語の関連性をうかがわせるもう一つの簡単な例として，英単語の覚え方を挙げることができるであろう．誰しもが中学・高校時代に英単語を覚えた経験を

持つと思うが，その際，一つ一つばらばらに覚えるのではなく，グループで覚えると効率的であると指導を受けたはずである．例えば，refuse「拒否する」という動詞を覚える際には，以下のような単語や表現も一緒に覚えたのではないだろうか．

(1) 似た意味を持つ単語や表現：reject, decline, turn down
　　反対の意味を持つ単語：accept
　　名詞形：refusal

このような覚え方は，外国語の効率的な学習を目的としたものであるが，なぜ効率的に覚えることができるのか，ということがここでは重要である．それは，語は他の語とある種のグループを形成し，お互いに関係を持っているという，我々が持つ語の知識の実態を反映しているからだと思われる．

　語は他の語と関連を持ち，その関連性に基づいてその語の意味が認識される，という考え方は，意味論の世界では，伝統的に**意味場**（semantic field）として知られ，主にトリーア（Trier, J.）に代表されるドイツの言語学者達によって提唱されたものである．場の理論の詳細な解説は池上（1975）にあるので，そちらを参照してほしい．基本的な考え方は，ある言語の語の集合である語彙は，そこに含まれる語によって直接構成されているのではなく，意味的に関連した語の集まりである場（グループ）によって構成されている，というものである．したがって，語の意味は，絶対的に単独で決まるのではなく，それが存在する場の中において，他の語との関係で相対的に決まることになる．例えば，成績評価において「C」判定を受けたとする．これが三段階評価「A・B・C」における「C」であれば，「C」の価値は良くないといえる．しかしながら，七段階評価「A〜G」における「C」であれば，その価値は違ってくることになる（池上 1975: 269）．

　意味場という考え方においては，どの語とどの語が同じ一つの場を形成するのかということが重要な問題となってくる．つまり，同じ場を形成する語の集まりにはどのような意味関係が認められるのだろうか．次の節では，そのいくつかを取り上げ，特徴を見ていくことにする．

2.2 意味関係

　ここでは，網羅的ではないが，語彙の構成において重要な意味関係である，同

義関係，反意関係，上下関係，部分・全体関係，多義性，同音異義性，語形成による関係性を取り上げ，それぞれの特徴を議論していく．説明の便宜上，これらを分けて取り上げるが，注意すべき点はこれらが全く別々の概念というわけではなく，相互に関連した面を持っているということである．

2.2.1 同義関係

　二つ（以上）の語が同じ意味を表すとき，それらの語は**同義語**（synonym）と呼ばれ，お互い**同義関係**（synonymy）にあるという．具体的には，(2) が同義語の例である．

(2) a. child/kid〈子供〉
　　b. buy/purchase〈買う〉
　　c. fall/autumn〈秋〉

したがって，下の (3) のような疑問文では，どちらの語を使っても，一般に同じ質問をしていると解され，同じ人物からは同じ答えが返ってくるであろう．例えば，(3a) に対しては，3 人子供がいれば，children/kids のどちらの語が使われても，答えは「3 人」であろう．

(3) a. How many children/kids do you have?
　　b. What did you buy/purchase yesterday?
　　c. Where do you go every fall/autumn?

しかしながら，ある言語において，厳密な意味で同義であるような語が二つ以上存在することがあるであろうか．常識的に考えると，そのような状況は珍しく一般的にはありえないと思われる．というのは，もし二つの語が全く同じ意味であるならば，どちらかの存在価値はなくなり，結果として，例えば，存在価値がなくなった方は使われなくなるであろう．したがって，我々が同義語とみなすものは，全く同じ意味を持っているわけではなく，意味や用法に多少の違いがあるが，似た意味をもっているもの，すなわち，類義語と見なすことができるものである．1.2 節で説明された概念的意味と非概念的意味という区別を用いると，一般に同義語とみなされる語同士は，概念的意味は同じであるが，非概念的意味が異なるともいえる．では，一般に同義関係にあると思われる語同士には，どのような違いが観察されるのであろうか．以下で，代表的な違いを見ていこう（池上 (1975)，Hurford and Heasley (1983) 等参照）．

a. 文体上の違い　[1.2.7 項での「社会的意味」の説明も参照]

(2a) の child と kid はともに〈子供〉を意味するが，前者は一般的な語であり，後者は口語的でくだけた場面で使われる語である．したがって，(3a) で kids を使った質問は，親しい相手に向けて発せられたものと解されるであろう．このような文体上の意味の差がある同義語の例として，他に (4) のようなものがある．

(4)　　　一般的　　　口語的
　　a. father　　　daddy
　　b. mother　　　mammy
　　c. adult　　　　grown-up

b. 感情（評価）の違い　[1.2.7 項での「情緒的意味」の説明も参照]

同じ意味を表す語同士でも，肯定的な含意を持つ語と否定的な含意を持つ語がある．(5) の例を見てみよう．

(5)　　　肯定的　　　否定的
　　a. childlike　　　childish
　　b. statesman　　politician
　　c. fragrance　　smell

例えば，(5a) の childlike も childish も〈子供っぽい〉という意味であるが，大人に対して使う場合，含意される評価は正反対のものとなる．前者は〈子供のように純粋で，素直な〉という肯定的な意味であるが，後者は〈大人気なく，幼稚な〉という否定的な意味である．

c. 語源的な違い

英語の語彙は，ゲルマン語系で英語本来の語と，主にラテン語系の言語からの借用語によって構成されている．上で挙げた (3b) の buy と purchase も語源的に違っており，buy はゲルマン語系であるが，purchase はラテン語系である．両者の特徴として，ゲルマン語系の語は日常的で口語的であり，ラテン語系の語は文語的である．以下の例にも語源の違いがある．

(6)　　　ゲルマン語系　　　ラテン語系
　　a. deep　　　　　　profound
　　b. begin　　　　　　commence
　　c. help　　　　　　　assist

d. 地域（方言）に関する違い

　語の使用には地域差が見られる場合がある．いわゆる方言の問題であり，ある語は特定の地域でのみ多用される．よく知られている，アメリカ英語とイギリス英語の違いもこの部類に入り，上で見た (3c) の fall はアメリカ英語であるが，autumn はイギリス英語である．(7) の例もよく知られたものである．

(7) 　　アメリカ英語　　イギリス英語
　　a. elevator　　　　lift
　　b. trunk　　　　　boot
　　c. vacation　　　　holiday

2.2.2　上下関係

　上下関係（hyponymy）は包摂関係とも呼ばれ，二つの語の間に"含む・含まれる"の関係が成り立つとき，その両者は上下関係にあるという．例えば，「木」と「松」の関係がこれに相当し，「木」に対し「松」は，より一般性が低く特殊な語である．この場合，「木」を**上位語**（hypernym），「松」を**下位語**（hyponym）という．一般に，上下関係にある語同士には，"X（下位語）is a kind of Y（上位語）"の関係が成り立ち，また，"X（下位語）and other Y（上位語）"のような表現が可能である．(8) と (9) を見てみよう．

(8) a. A dog is a kind of animal.
　　b. A rose is a kind of flower.
　　c. A swallow is a kind of bird.

(9) a. dogs and other animals
　　b. roses and other flowers
　　c. swallows and other birds

このような表現が可能であることから，(10) のような上下関係が成り立つ．

(10) 　　上位語　　下位語
　　a. animal　　dog
　　b. flower　　rose
　　c. bird　　　swallow

このような上下関係は，名詞の場合だけに成り立つわけではなく，(11) のような動詞においても成り立つものである．

(11)　　　上位語　　下位語
　　　a. cook　　　boil
　　　b. move　　　fly
　　　c. get　　　　buy

　上下関係にある語の重要な特徴の一つとして，以下のような含意の"一方向性"が挙げられる．それは，「AならばB」はいえるが，「BならばA」はいえない，ということである．具体例を見てみよう．

(12)　a. I bought roses this morning.
　　　b. I bought flowers this morning.

(12a)は下位語の「薔薇」，(12b)は上位語の「花」を含んだ文である．もし(12a)の「薔薇を買った」が真であれば，(12b)の「花を買った」もまた真である．つまり，(12a)は(12b)を含意するわけである．しかしながら，その逆は成り立たない．「花を買った」が真でも，その「花」が「薔薇」とは限らないからである．

　前掲の(10)と(11)は，二つの語に成り立つ上下関係の例であるが，この関係は，二つの語の間にだけ成り立つわけではなく，その関係をさらに拡大することができる．「木」と「松」にはそれぞれ「植物」のようなより一般性の高い語と，「黒松」のようなより特殊で個別的な語が存在する．このような上下関係を語彙の構造という観点から見れば，語彙はある種の階層性をなしていると考えることができる [1.2.3項参照]．例として，生き物 (creature) の階層性を見てみよう．

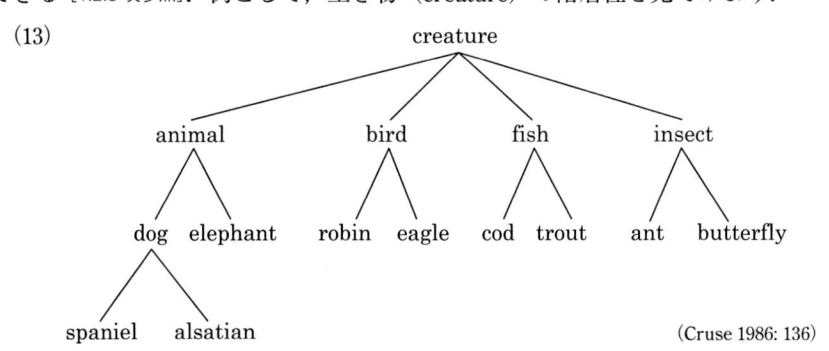

(13)
```
                          creature
            ┌────────────┬──────┴──┬────────────┐
          animal        bird      fish        insect
         ┌──┴──┐      ┌──┴──┐   ┌──┴──┐      ┌──┴──┐
        dog  elephant robin eagle cod  trout  ant  butterfly
       ┌─┴─┐
    spaniel alsatian
```
　　　　　　　　　　　　　　　　　　　　　　　　　(Cruse 1986: 136)

(13)は四つの階層に分かれ，例えば，creature＞animal＞dog＞spanielという順でより特殊な語になっていく．この体系で重要なことは，"縦"の関係だけではなく"横"の関係も観察されるということである．例えば，creatureという一つの

上位語に対して animal, bird, fish, insect という四つの下位語が同じ階層に存在している．これらの語を**同等下位語**（co-hyponym）と言うが [1.2.3項参照]，これらの間にも，ある含意の関係が成り立つ．それは，「AであればBではない」という含意である．dog と elephant を例に，(14) と (15) を考えてみよう．

(14) a. This animal is a dog.
　　 b. This animal is not an elephant.
(15) a. This animal is an elephant.
　　 b. This animal is not a dog.

(14a)の「この動物は犬である」が真であれば，(14b)の「この動物は象ではない」も真であり，前者は後者を含意することになる．また同様に，(15a)の「この動物は象である」は，(15b)の「この動物は犬ではない」を含意している．つまり，同等下位語の間には**非両立性**（incompatibility）の関係が成り立つわけである．

　この非両立性という関係は，語の意味を認識する際に，重要な役割を占める．この章のはじめに，我々が「夏」をどのように認識しているのかという問題にふれたが，そこでは四季の知識が前提となると述べた．非両立性という観点から「夏」という語の意味を考えてみると，「季節」という上位語に対して，「春」「夏」「秋」「冬」という同等下位語が存在している．したがって，「夏」の意味の記述には，〈春・秋・冬ではない〉という内容が含まれ，我々の「夏」の認識もそのような内容に基づいている．

　語彙の階層性は，上下関係だけでなく，"部分・全体"という関係においても観察される．この二つは似た関係であるので，次の項で簡単にふれておこう．

2.2.3　部分・全体関係

　部分・全体関係（meronymy）にある語には，一般に，「X is part of Y」という関係が成り立つ．例えば，「腕」は「体」の一部であるので，両者は部分・全体関係にあるといえる．この関係は，「腕」は「体」の一種（タイプ）である，とはいえないので，前項で見た上下関係とは違うものである．しかしながら，部分・全体関係にある語も同じように階層をなしていると考えられる．「腕」をさらに部分化すると(16)のような階層が得られるであろう．

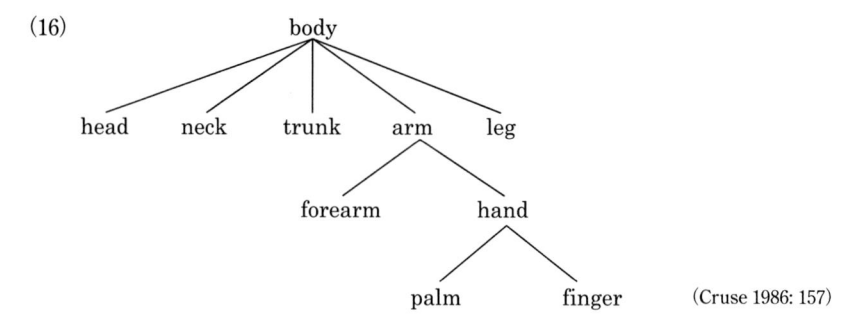

(16)
```
                    body
      ┌──────┬──────┼──────┬──────┐
    head   neck  trunk   arm    leg
                    ┌─────┴─────┐
                 forearm      hand
                           ┌────┴────┐
                          palm    finger      (Cruse 1986: 157)
```

したがって，部分・全体関係も，語彙の構造が階層をなしていることを示す重要な意味関係であるといえる．

2.2.4 反意関係

　二つの語が反対の意味を持っている場合，それらは**反意関係**（antonymy）にあるといい，そのような語を**反意語**（antonym）と呼ぶ．例えば，「新しい」と「古い」や「男」と「女」はそれぞれ反意語である．「反意」や「反対の意味」という言い方には注意が必要である．というのは，"反意語は意味が全く異なった語" と誤解してしまう可能性があるからである，しかしながら，よく考えるとそうではなく，反意語は大部分同じ意味を共有していることに気がつくはずである．「男」と「女」は反意語であるが，「男」と「女の子」が反意語であるとは思わないであろう．それは，「男・女」は［性別］という一つの特徴においてのみ異なっているが，「男・女の子」は［性別］だけでなく，［年齢］という他の特徴においても異なっているからである．「女の子」の反意語は，「男の子」である．つまり，反意語とは，ある一つの特徴において対立した意味を持っている語ということになる．

　一般に，反意語といっても，様々な反意関係が存在し，大きく三つのグループに分けることが可能である（池上 1975; Hurford and Heasley 1983）．以下で，それらの特徴を見ていこう．

a. 相補的関係

　相補的関係（complementarity）にある反意語は，一方でなければ，必ずもう一方ということになり，二つの語の間に中間段階は存在していない．具体例として，(17) のようなものが挙げられる．

　(17) a. awake : asleep

b. boy : girl
   c. dead : alive

(17a) の awake〈起きている〉と asleep〈寝ている〉との間には，中間的な状態は存在せず，「起きていなければ，寝ている」ことになり，また逆に「寝ていなければ，起きている」ことになる．(17b) と (17c) の場合にも，一方でなければ，他方ということになるであろう．

　この関係で注意すべき点は，現実の世界において必ずしもこの関係が成立するわけではないということである．例えば，「勉強中にうとうとしてしまった」という表現が可能であることから，起きているのか寝ているのかが明確ではない状態が実際にはありうる．したがって，(17) のような反意関係は，ことばの意味において（のみ）成り立つ関係と理解すべきである．

b. 段階的関係

　段階的関係（gradability）とは，相補的関係とは違い，二つの反意語の間に中間段階が存在する場合を指す．例えば，「長い」と「短い」の関係がこれに相当する．「より長い」や「より短い」といえるように，両者の間には中間的な段階が存在する．したがって，「長くない」といった場合でも，「短い」を意味するわけではない．(18) の例もこの種類の反意語である．

(18) a. tall : short
   b. hot : cold
   c. large : small

「高い：低い」「熱い：冷たい」「大きい：小さい」にも，それぞれ中間段階が存在しており，一方でなければ，もう一方であるわけではない．このようなタイプの反意語には主に三つの特徴がある．

　一つ目の特徴として，このタイプの反意語は，状態の程度を表し，いわゆる，**段階的形容詞**（gradable adjective）と呼ばれるものである．したがって，(19) に示すように，例えば，-er/-est または more/most を使った比較変化が可能であり，very とも共起する．

(19) a. taller, tallest/shorter, shortest
   b. very tall/very short

　この点，(20) に示すように，相補的な反意語の dead と alive とは対比をなす．

(20) a. *deader, *more dead/ *aliver, *more alive

b. *very dead/ *very alive

二つ目の特徴は，程度の高い方の反意語は**無標**（unmarked）となり，低い方の反意語は**有標**（marked）になるということである．具体例を見てみよう．

(21) a. How tall is John?
b. How short is John?

howを使った疑問文(howとの共起も段階的形容詞の特徴である)において，(21a)のように，程度の高い tall を使った場合は，John の身長を聞いているのであり，「John は背が高い」ことが前提になっているわけではない．したがって，身長が高くなく，低い可能性も十分ありうるわけである．これとは対照的に，(21b)のような程度の低い short を使った場合は，「どのくらい低いのか」と質問しており，「John は背が低い」ことが前提となっている．この有標・無標の違いは，日本語においても見られる．

(22) a. どのくらい大きい（広い，明るい）ですか？
b. どのくらい小さい（狭い，暗い）ですか？
(23) a. 大きさ，広さ，明るさ
b. 小ささ，狭さ，暗さ   （郡司ほか 1998: 8）

(22a)には程度の前提は存在しないが，(22b)は「小さい・狭い・暗い」ことが前提となっている．また，日本語には形容詞に「ーさ」を付けて名詞に変える名詞化規則があるが，品詞が変わっても有標・無標の違いは変化しない．(23a)は無標であるが，(23b)は前提が存在し，有標である．

三つ目の特徴として，反意語によって表される程度は絶対的なものではなく，ある判断基準に従って変化する，ということが挙げられる．例えば，ある靴が10万円で売られていたとする．それを「高い」と判断するか，「安い」と判断するかは，その靴のブランド名等によって違うであろう．それがふつうの靴であれば，おそらく「高い」と判断するであろうが，ある高級ブランドの靴であれば，「安い」と判断するかもしれない．つまり，前者の場合は，靴一般の値段が判断基準になっており，後者はその高級ブランドの靴の（ふつうは高い）値段が判断基準になっている．つまり，同じ10万円でも判断基準により「高い・安い」の程度が変化するわけである．

国広 (1982: 171-172) は，このような判断基準には，明示的な基準と暗示的な基準が存在し，後者はさらに上位範疇基準や同等範疇基準等に分類できる，と指

摘している．(24)の日本語の例を見てみよう．

(24) a. この車はあの車より大きい．
b. 象は大きい．
c. この象は大きい．

(24a)が明示的な判断が存在する場合であり，「あの車より」がそれに当たる．一方，(24b)と(24c)が暗示的な判断基準が存在する例である．(24b)は，〈動物一般〉という上位範疇を基準にして，「象は（一般的な動物に比べ）大きい」と判断している．また，(24c)は，〈象一般〉という同等範疇を基準にして「この象は（他の一般の象に比べて）大きい」と判断している．

c. 反対関係

反対関係（converseness）にある反意語には，ある同一の事態を異なる視点から表現した語が含まれる．例えば，「借りる」と「貸す」がこのタイプである．(25)の例を考えてみよう．

(25) a. John borrowed the book from Mary.
b. Mary lent the book to John.

(25a)と(25b)は同じ出来事を表し，「JohnがMaryから本を借りた」のであれば，「MaryがJohnに本を貸した」ことになる．つまり，「借りる」という出来事と「貸す」という出来事は，必ず同時に起こり，一方のみが行われることはない．

このタイプの反意語には，出来事を表すものだけではなく，(26)のような，ある種の関係を表す語も含まれる．

(26) a. parent : child
b. husband : wife
c. below : above

例えば，「JohnはMaryの夫である」と「MaryはJohnの妻である」は，同じ関係を反対の視点から表した表現である．

2.2.5 多義性と同音異義性

多義性（polysemy）とは，一つの語が複数の意味を持っていることであり，そのような語を**多義語**（polysemic word）という．例えば，guardは，(27)に示すように，多義である．

(27) a. The guard stopped me at the gate.

    b. This machine is equipped with an overhead guard.

(27a) の guard は〈守衛, ガードマン〉の意であり, 一方, (27b) の guard は〈防護器具, 安全装置〉の意である. もちろん, guard には, もっと他の意味も存在しており, 『ジーニアス英和大辞典』には, guard の名詞用法に限っても, 以下のような記載がある (細部は省略してある).

(28) guard
    1. 護衛者, 守衛, ガードマン
    2. 見張り, 監視
    3. 保護物, 安全装置
    4. 列車の車掌
    5. スポーツのガードの選手
    6. …

このように, 一般的な辞書では, 多義語の表記は, 一つの見出し語に対し様々な語義を 1, 2 などの番号に分けるのがふつうである. 手元にある辞書の記載を見ればすぐ気づくと思うが, ほとんどすべての語は多義語であるといっても過言ではなく, 多義性というのは, 語の意味特徴として一般的なことといえる.

一方, **同音異義性**(homonymy) とは, 異なる語が同じ発音を持つ場合で, そのような語を**同音異義語**(homonym) という. 例えば, 次の二つの kind は, 同音異義語である.

(29) a. Jane is a kind lady.
    b. A dog is a kind of animal.

(29a) の kind と (29b) の kind は, 発音は同じであるが, それぞれ〈親切な〉と〈種類〉という意味の別の語である. したがって, 辞書の記載においても, 多義語とは違う表記になっており, (30) のように, $kind^1$, $kind^2$ とそれぞれが見出し語として記載されている ((30) は, 細部は省略してあるが, 『ジーニアス英和大辞典』の記載に基づいている).

(30) $kind^1$ $kind^2$
    1. 親切な, 思いやりのある   1. 種類, タイプ
    2. 心からの   2. 性質, 本質
    3. …   3. …

このように, 多義語と同音異義語は, 辞書の表記では明確に区別されているが,

区別の基準になっているものは何であろうか．言い換えれば，なぜ，多義語のguardのように，kindも多義語であり，〈親切な〉と〈種類〉という二つの意味を持っているとは考えないのであろうか．その基準は，意味の関連性である．意味になんらかのつながりがあれば，多義語で，つながりがなければ，同音異義語である．guardが意味する〈守衛〉は人であり，〈防護器具〉は物であるが，〈危険から守る〉という共通性が見られる．しかしながら，kindの方は，そのようなつながりは感じられない．〈親切な〉と〈種類〉は，かけ離れた意味で，つながりは感じられない．

もちろん，意味につながりがあるかどうかは程度問題であり，必ずしも多義語と同音異義語の区別は明確でない場合も存在するのは事実である．例えば，池上（1975: 227, 228）によれば，〈耳〉と〈(トウモロコシの) 穂〉を表すearは，歴史的にはもともと別の語で，同音異義語であったが，現在は同義語として扱われている．このように，区別が難しい場合も存在するが，いくつかの例を見れば，両者の特徴をつかむことはできるであろう．(31) が多義語の例であり，(32) が同音異義語の例である．

(31) a. mouth 〈(人の) 口・河口〉
　　 b. hole 〈穴・欠点〉
　　 c. jewel 〈宝石・貴重な人〉
(32) a. bank 〈銀行〉/ bank 〈堤防〉
　　 b. tart 〈すっぱい〉/ tart 〈(菓子の) タルト〉
　　 c. bow 〈おじぎ〉/ bow 〈船首〉

2.2.6 語形成による関連性

今まで，様々な意味関係を見てきたが，最後に語形成に基づいた語の意味関係を扱う．語形成の代表的な例が，接辞が伴う**接辞添加**（affixation），接辞が伴わない**転換**（conversion），語と語を組み合わせる**複合**（compounding）である．具体例として，接辞添加の例を見てみよう．

(33) a. deliver
　　 b. delivery
　　 c. deliverer
　　 d. deliverable

(33a)の動詞 deliver〈配達する〉に様々な接辞を付加することにより，異なる意味の語を作ることができる．例えば，(33b)のように -y という接辞（この場合は，語尾に付いているので接尾辞）を付けることにより，〈配達〉という行為を表す delivery，(33c)のように -er を付けて〈配達する人〉を表す deliverer，(33d)のように -able を付けて〈配達可能な〉を表す deliverable が形成される．

このような語形成は，一般に形態論の分野で議論されるべきものであるが，意味論においても，特に，語の意味を考察する際に重要である．明らかに deliver と delivery, deliverer, deliverable は，それぞれ意味の上でつながりがあり，それを記述することは意味論においても大切な作業の一つである．以下，英語にはどのような接辞が存在し，それらがどのような意味特性を持っているのか，つまり，どのような意味を持った語を生みだすのかを例示する．便宜上，品詞変化という観点から代表的な接辞をグループ化する．

(34) 動詞から名詞
 -er/-ant〈～する人・もの〉, -ee〈～される人〉, -ing/-ion/-ment/-al/-ance
 〈～する行為，その行為に関連するもの〉
 a. drive/driver, assist/assistant, defend/defendant
 b. employ/employee, examine/examinee, appoint/appointee
 c. save/saving, instruct/instruction, achieve/achievement, arrive/arrival, appear/appearance

(35) 動詞から形容詞
 -able〈～できる〉
 a. read/readable, laugh/laughable, teach/teachable

(36) 名詞・形容詞から動詞
 -ize, -ify, -en〈～にする，～になる，～化する〉, en-〈～の中に入れる〉
 a. special/specialize, class/classify, dark/darken
 b. case/encase, shrine/enshrine, tomb/entomb

(37) 名詞から形容詞
 -ish〈～に属する，～のような〉-ful〈～に満ちた，～の性質のある〉
 a. book/bookish, child/childish, fool/foolish
 b. beauty/beautiful, care/careful, thought/thoughtful

(38) 形容詞から名詞
 -ness, -ity〈性質・状態・程度〉

a. kind/kindness, national/nationality, regular/regularity
(39) 品詞変化なし（形容詞から形容詞，動詞から動詞）
　　　un-/in-（im-/il-）〈〜でない〉, re-〈再び，新たに〜する〉
　　　a. lucky/unlucky, possible/impossible
　　　b. start/restart, generate/regenerate

次に，接辞を伴わず，品詞（意味）だけを変化させる転換という規則を見てみよう．(40) がその例である．

(40) a. winter〈冬（名詞）〉→ to winter〈冬を過ごす（動詞）〉
　　　b. to sleep〈眠る（動詞）〉→ sleep〈睡眠（名詞）〉
　　　c. dry〈乾いた（形容詞）〉→ to dry〈乾かす（動詞）〉

最後に，語と語を組み合わせて新たな語を作ることも可能である．(41) が複合語の例である．

(41) a. lighthouse〈灯台〉（＜light＋house）
　　　b. bus stop〈バス停〉（＜bus＋stop）
　　　c. homemade〈自家製の〉（＜home＋made）

以上，三つの語形成の例を挙げたが，これらは，語と語に成り立つ様々な意味関係とも密接に関わっている．例えば，〈否定〉の意味を持つ un- の接辞添加を考えてみよう．

(42) a. fortunate〈幸運な〉/ unfortunate〈不運な〉
　　　b. natural〈自然な〉/ unnatural〈不自然な〉
　　　c. important〈重要な〉/ unimportant〈重要ではない〉

(42) に示すように，un- という要素は〈〜でない〉という意味を付け加えることができる．したがって，fortunate/unfortunate, natural/unnatural, important/unimportant は，それぞれ広い意味で反意関係にあるということができる．2.2.4 項 b. で，反意語には有標・無標の違いがある場合が存在し，程度の高い方が無標になることを観察した．面白いことに，un- の振る舞いにおいても，このことを示すことができる．(43) を見てみよう．

(43) a. unwell/ *unill
　　　b. unhappy/ *unsad
　　　c. unwise/ *unfoolish
　　　　　　　　　　　　　　　　　　　　　　　　(Katamba 1993: 79)

(43a) の well〈健康な〉と ill〈病気の〉，(43b) の happy〈うれしい〉と sad〈悲

しい〉,(43c)の wise〈賢い〉と foolish〈ばかな〉は,それぞれ反意語であるが,程度の高い方を表す well, happy, wise にのみ un- を付けることができる.これは,〈～ではない〉という意味は,〈普段の一般的な状態ではない〉ということであり,我々が程度の高い方の語を「ふつうで一般的」すなわち,無標と捉えているためであると思われる.

また,転換は多義性と深く関係している.形は変わらずに品詞が変わるということは,一つの語が複数の品詞として用いられ,それに対応した複数の意味を持っていることを意味する.よって,転換はある意味多義性をもたらす一因であるといえる.

さらに,複合は上下関係と関わる.アレン (Allen 1978) は,複合語の意味は,「IS A 条件」に従う,と指摘している.簡単にいえば,複合語とその内部の右側の語との間には「A is a kind of B」の関係が成り立つということである.具体例を見てみよう.

(44) a. car insurance, life insurance　（IS A insurance）
　　 b. face towel, bath towel　　　　（IS A towel）

(44a) の「自動車保険」と「生命保険」は「保険」の一種であり,同様に,(44b) の「フェイスタオル」と「バスタオル」は「タオル」の一種である.したがって,複合語が下位語であり,その右側の内部要素が上位語ということになる.このように,意味の観点から複合語の形成を考えると,複合とは,新たな上下関係を生みだす操作であるということができるであろう.

2.3　意味の成分分析

前節では,語と語の間の様々な意味関係を見た.例えば,「男」と「女」には反意関係があり,「動物」と「犬」には上下関係が存在する.では,このような我々の語についての知識をどのような方法で明示的に記述できるのだろうか.本節と次節では,語の意味研究の理論的な面を取り上げたい.まず,本節では,語の意味の記述に用いられてきた伝統的な方法の一つを紹介し,次節では,それに基づいた個別の研究にふれる.

伝統的に,語の記述に用いられてきたのは,**成分分析**（componential analysis）や**語彙分解**（lexical decomposition）と呼ばれる方法である.一般に,文の意味

は，それを構成している基本的な単位である語の意味の集合である，と考えることができるが，これと同じように，語の意味もそれを構成している基本的な意味の集合と考えることができる．つまり，語の意味を，**意味成分**（semantic component）や**意味素性**（semantic feature）と呼ばれる，より原始的な（primitive）要素に分解し，その要素を使って語の意味を記述するわけである．例えば，(45)のような形式で，語の意味は記述される．

(45) a. man：[＋HUMAN]∧[＋ADULT]∧[＋MALE]
　　 b. woman：[＋HUMAN]∧[＋ADULT]∧[－MALE]

（注）∧は"and"の意の論理記号

[＋HUMAN][＋ADULT][±MALE]が意味成分であり，manは，[人間]であり，[成人]であり，[男性]である，と記述される．一方，womanは，[人間][成人]であるが，[男性]ではない，と記述される．つまり，語の意味は，このような原始的な意味成分の束である，と考えるわけである．

意味成分を使った分析方法を使うことにより，語の意味関係を明示的に形式化することが可能となる．例えば，manとwomanの反意関係を考えてみよう．2.2.4項で，反意語は，全く異なる語というわけではなく，多くの意味を共有し，ある一つの特性において異なっている語である，と述べた．このことは，(45)の記述から明確に捉えることができる．すなわち，manとwomanは[人間][成人]という意味成分は共有しているが，[性別]（＝[±MALE]）という意味成分においてのみ対立している，と理解することができる．

他方，manとgirlは反意関係にはない．このことは(45a)と次の(46b)の違いによって，明確に説明することができる．(46)はboyとgirlの成分分析である．

(46) a. boy：[＋HUMAN]∧[－ADULT]∧[＋MALE]
　　 b. girl：[＋HUMAN]∧[－ADULT]∧[－MALE]

(46b)に示すように，girlは，[人間]であるが，[成人][男性]ではない，と記述できる．(45a)と(46b)を比較すると，[年齢]と[性別]という二つの意味成分において異なっていることがわかる．したがって，両者は反意関係にあるとはいえないわけである．代わりに，(46a)と(46b)を比較すると，[性別]においてのみ対立しているので，girlの反意語はboyである，とわかる．

次に，上下関係を考えてみよう．(46)に挙げたboyとgirlの上位語はchildである．この語に対しては(47)のような成分分析が考えられる．

(47) child : [＋HUMAN] ∧ [－ADULT]

　上下関係には「含む・含まれる」の関係が成り立つことを見たが，(46)，(47) のように記述することによって，語が持っている意味成分の数の相違から「含む・含まれる」の関係を捉えることができる．(47) の child が持つ，［人間］であるが，［成人］ではないという二つの意味成分は，(46a) の boy と (46b) の girl が持つ，［人間］であるが，［成人］ではなく，（前者は）［男性］である，または（後者は）［男性］ではない，という三つの意味成分の中に含まれている．より多くの意味成分を含む語が指示対象 [1.1.1項参照] をより狭く限定するので，(46) と (47) を比較することで，意味成分の少ない child のほうが上位語になり，boy と girl が下位語になることがわかる．

　また，上下関係には，ある含意が成り立つことを見た．それは，一方向にのみ成り立つ含意である．すなわち，「男の子であれば，子供である」や「女の子であれば，子供である」という含意は成り立つが，「子供であれば，男の子である」や「子供であれば，女の子である」という含意は成り立たない．これも，(46)(47) を見れば，それぞれの語が持っている意味成分の数から導かれるであろう．

　以上，意味の成分分析の概要を見たが，もちろんこの方法ですべての語の意味を明確な形で記述できるわけではなく，問題点がないわけではない．例えば，すぐ気づくように，どのレベルまで意味の分解をする必要があるのかという問題がある．［HUMAN］や［ADULT］のような意味成分は，原始的でそれ以上分解できない意味成分なのか，もっと小さな意味成分に分解する必要性はないのか，といった疑問が生じるであろう．しかしながら，重要なことは，意味成分をいかに精密化するのかということではなく，それを使うことによって，語の意味の特性をいかに説明できるのか，ということである．意味を基本要素に分解するという考え方は，語の意味を明示的に記述する方法であることには変わりはなく，語の意味を扱う意味論の一分野である**語彙意味論** (lexical semantics) の研究の多くは，多かれ少なかれ，この考え方に基づいている．

　例えば，ジャッケンドフ（Jackendoff 1990）によって提案された**語彙概念構造** (lexical conceptual structure, LCS) という意味表示もその一例である．詳述の余裕はないが，これは，意味の基本要素の解明と，特に，動詞の語彙分解により，意味構造（概念構造）と文構造との対応関係の解明を目指したものである［語彙概

念構造は第3章で詳しく扱う］．プステヨフスキー（Pustejovsky 1995）が提案した**生成語彙論**（generative lexicon）という理論も，また然りである．この理論に基づいた研究の中には，語の多義性に関するものも含まれ，興味深い提案がなされている．次節で，そのいくつかを紹介したい．

2.4 生成語彙論

生成語彙論の枠組みでは，語の意味はいくつかの構造によって記述される．中でも特徴的なのが，**特質構造**（qualia structure）と呼ばれる意味表示であり，(48)のような四つの（意味成分に相当するような）情報から成り立っている（Pustejovsky 1995: 85-86）．

(48) 特質構造
  a. **構成**（constitutive）：それの構成要素が何であるか
  b. **形式**（formal）：それと他とを識別する特性が何であるか
  c. **目的**（telic）：それの目的や機能は何であるか
  d. **主体**（agentive）：それがどのように生み出されたか

具体例として，「本」と「車」の特質構造を考えてみよう．［構成］とは，材料，部分など，それが何によって構成されているかに関する情報である．「本」に関していえば，"紙"とそこに書かれた"情報"から構成されている，と考えることができる．また，［形式］は，形状等，それの分類に関する特徴であるので，「本」は，"印刷物"という分類に入るであろう．さらに，「本」の［目的］は，"読者が情報を読む"ということであり，「本」は，"筆者が情報を書く"ことによって作り出されたもの（［主体］）であるといえる（Pustejovsky 1995: 101）．

次に，「自動車」の特質構造は以下のようになると考えられる．「自動車」は，車体やタイヤ等から構成されており，乗り物の分類に入り，運転して移動するのが目的であり，自動車会社が製造することによって作り出される（Pustejovsky 1995: 113）．

このように，特質構造とはその語を様々な観点から記述した意味表示であり，特に，ここで重要なのは，［構成］と［形式］である．というのは，これらは，それぞれ部分・全体関係と上下関係に相当する意味情報であると考えられるからである（小野 2005: 26-29）．［構成］は，それが何から成り立っているかという観点

からの情報なので，その情報には，部分・全体関係が含まれることになる．また，[形式]は，それと他のものとを識別する外見上の特性であるので，その特性は，分類やタイプ等を示す上位概念（上位語）によって表される．したがって，生成語彙論では，語と語の関係性が意味情報の一部として明確な形で記述されることになる．また，[目的]や[主体]は，一般に語の意味というよりは，我々の百科事典的な知識といえるようなものである．このような一般知識も意味情報をなすという考え方も注目に値する．

近年，生成語彙論，特に，特質構造という考え方に基づいて，語の意味に関する様々な問題が研究され，その成果が数多く報告されている．ここでは，（疑似）上下関係と多義性を扱った事例をいくつか紹介したい．はじめに断っておくが，以下の説明は，上で述べた特質構造の内容だけで理解できるように，専門的な部分は簡略化してある．より詳しい内容や他の事例に関しては，関連する文献を参照されたい．

上下関係に関して，「動物」と「犬」をその一例として取り上げたが，一般の知識では，「ペット」と「犬」にも上下関係があり，「ペット」の下位語として「犬」があると我々は認識しがちである（Cruse 1986: 92-93）．例えば，次の(49a)だけでなく，(49b)も可能な表現である．

(49) a. dogs and other animals
 b. dogs and other pets　　　　　　　　　　　　(Cruse 1986: 91-92)

しかしながら，「犬は必ずペットである」とはいえないので，両者は正確な意味で上下関係にはない．仮にこの関係を（疑似）上下関係と呼ぶと，このような認識は何に基づいているのだろうか．小野（2005: 36）は，「犬」の[目的]が関係すると指摘している．人間社会では，一般に犬はペットとして飼われる存在である．つまり，その目的や機能は，ペットということになる．したがって，「犬」の特質構造（の一部）が(50)であるとすると，

(50) dog
 QUALIA = FORMAL = animal (x)
 　　　　　TELIC　 = pet (x)　　　　　　　　　(小野 2005: 36)

「ペット」と「犬」の（疑似）上下関係は，「犬」の[目的]に記載された「それ(x)はpetとして機能する」という情報に基づいた認識である，と説明することができるであろう．

また，小野 (2005) は，多義性の問題も，特質構造の観点から説明している．例えば，kettle は多義語であり，〈(容器の) やかん〉だけでなく，〈やかんに入った水〉という意味でも使われる．次の (51a) と (51b) の例がそれぞれの意味に対応している．

(51) a. He has put the kettle on the stove.
　　 b. The kettle is boiling.　　　　　　　　　　　　　　　(小野 2005: 74)

(51a) で，置かれるのは"物としてのやかん"であるが，(51b) で，沸騰しているのは，"やかんに入っている水 (お湯)"である．では，この多義性，つまり，(51b) の「水」の意味はどのように得られるのであろうか．このような問題は，あるものをそれと関係の深いもので置き換えて表現するという換喩（メトニミー）という修辞法の一つとして捉えられているが，特質構造の観点からは，それは［構成］と［形式］の書き換えによって説明される（小野 2005: 74）．(52) が kettle の特質構造（の一部）である．

(52) kettle
　　　QUALIA = FORMAL = container_of (x, y)
　　　　　　　　CONST　 = content (y)
　　　　　　　　TELIC　 = boil (e, w, y, x)　　　　　　　　　(小野 2005: 74)

やかんは容器であり，それ (x) は中身 (y) を入れるものである（［形式 FORMAL］）．そして，その構成要素として，中身 (y) を持っており（［構成 CONST］），その目的・機能は，人 (w) がそれ (x) を使って中身 (y) を沸かすという行為 (e(vent)) によって特徴づけられる（［目的］）．(51a) の kettle の意味は，この語彙情報を反映している．一方，(51b) の〈やかんに入っている水〉の意味は，この情報からは直接導くことはできない．しかしながら，やかんの中身の情報は，［構成］に記載されている．したがって，この情報が［形式］として書き変えられる（［形式］に転移される）ことにより，(51b) の kettle が容器ではなく中身，すなわち〈やかんに入っている水〉の意味になると考えられる．

　最後に，語形成にも特質構造の情報が関わることを示す事例を見ておこう．語の形を変えずに品詞を変える転換という語形成は，広い意味で語の多義性を生む要因の一つである．語の品詞変化に伴う意味変化にも，ある種の規則性が存在し，それに特質構造が深く関係している例が観察されている．伊藤・杉岡 (2002) で議論されている，名詞から動詞への転換の例を考えてみよう．

(53) a. John salted the fish.
　　 b. Betty boxed the dishes.
　　 c. Harry mopped the floor.
　　 d. Mary dusted the piano.　　　　　　　　(伊藤・杉岡 2002: 55-56)

(53a) の salt は〈塩をつける〉,(53b) の box は〈箱に入れる〉,(53c) の mop は〈モップで掃除する〉,(53d) の dust は〈ほこりを取り除く〉という意味で使われ,その基の名詞は,それぞれ"付加の対象""場所""道具""除去の対象"として特徴づけられる.このように,名詞から動詞への転換には多様な意味が観察され,一見するところ規則性はないように思える.しかしながら,伊藤・杉岡 (2002: 55-56) は,動詞がどのような意味を持つかは,基になる名詞の[目的]の情報に従っている,と述べている.(54) が提案されている特質構造(の一部)である.

(54) a. salt：[形式役割 = (z), 目的役割 = x season food with z]
　　 b. box：[形式役割 = container (z), 目的役割 = x put y in z]
　　 c. mop：[形式役割 = (z), 目的役割 = x clean y with z]
　　 d. dust：[形式役割 = powdery (y), 目的役割 = x remove y from (furniture, etc.)]
　　　　　　　　　　　　　　　　　　　　　　(伊藤・杉岡 2002: 57, 58)

それぞれの[目的]は以下のように理解される.塩 (z) は,人 (x) がそれ (z) で食べ物を味付けするためのものであり,箱 (z) は,人 (x) が物 (y) をそれ (z) に入れるためのものであり,モップ (z) は,人 (x) がそれ (z) で場所 (y) を掃除するためのものであり,ほこり (y) は,人 (x) によって家具などから取り除かれるものである.つまり,動詞の意味は,[目的]の記述がそのまま反映されている,と考えることができるわけである.

以上,語の意味分析の新たな試みの一つとして,生成語彙論の考え方に基づく分析を見てきた.特質構造の情報は,例で取り上げたように,主に名詞の意味を記述する際に有効であるといえるが,動詞などの他の品詞の記述にも関わるものであることに注目されたい.

Q より深く勉強したい人のために

1)「場の理論」について
- 池上嘉彦 (1975)『意味論―意味構造の分析と記述』大修館書店.
　6章に,理論の概要だけでなく,歴史的発展,言語学者による立場の違い,問題点

等，詳しい説明がある．
2)「語の意味関係」について
- 国広哲弥（1982）『意味論の方法』大修館書店．
  3章と4章に，日本語の事例に基づいて，意味関係の詳しい説明がなされている．
3)「生成語彙論」について
- 小野尚之（2005）『生成語彙意味論（日英語対照研究シリーズ（9））』くろしお出版．
  Pustejovsky（1995）の原書を参照してほしいが，本書の1章に理論の概要がわかりやすく解説してある．また，それ以降の章で理論に基づいた独自の分析を展開している．

演習問題

1. 次の各対の語の間にはどのような意味関係が成り立つのかを考察しなさい．
   a. bicycle   saddle
   b. go   come
   c. old   young
   d. table   bed
   e. anger   emotion
2. 次の各 (a) と (b) の文において，下線の語がそれぞれどのような意味で使われているのかを考えなさい．また，両者にどのような意味のつながりがあるのかも考察しなさい．
   (1) a. Mary broke the <u>bottle</u>.
       b. The baby finished the <u>bottle</u>.
   (2) a. The <u>newspaper</u> fired its editor.
       b. John spilled coffee on the <u>newspaper</u>.
   (3) a. Mary ate a <u>fig</u> for lunch.
       b. Mary watered the <u>figs</u> in the garden.
   (4) a. The company's <u>merger</u> with Honda will begin next fall.
       b. The <u>merger</u> will produce cars.
   (5) a. John traveled to <u>New York</u>.
       b. <u>New York</u> kicked the mayor out of office.   (Pustejovsky 1995: 31)
3. 次は親族用語を成分分析した例である．例を参考に，「祖母」「弟」「孫」の意味成分を考えなさい．（池上（1975: 304, 305）も参考になる）
   (例) 父：[1世代上]∧[直系]∧[男性]
        姉：[同世代]∧[傍系]∧[女性]∧[年上]

📖 **文 献**

池上嘉彦 (1975)『意味論―意味構造の分析と記述』大修館書店.
伊藤たかね・杉岡洋子 (2002)『語の仕組みと語形成 (英語学モノグラフシリーズ 16)』研究社.
小野尚之 (2005)『生成語彙意味論 (日英語対照研究シリーズ (9))』くろしお出版.
国広哲弥 (1982)『意味論の方法』大修館書店.
郡司隆男・阿部泰明・白井賢一郎・坂原茂・松本裕治 (1998)『意味 (岩波講座言語の科学 4)』岩波書店.
Allen, Margaret (1978) *Morphological Investigation*, Doctoral dissertation, University of Connecticut.
Cruse, D. Alan (1986) *Lexical Semantics*, Cambridge: Cambridge University Press.
Hurford, James R. and Brenden Heasley (1983) *Semantics: A Coursebook*, Cambridge: Cambridge University Press.
Jackendoff, Ray (1990) *Semantic Structures*, Cambridge, MA: MIT Press.
Katamba, Francis (1993) *Morphology*, London: Macmillan.
Pustejovsky, James (1995) *The Generative Lexicon*, Cambridge, MA: MIT Press.

第3章 文の意味 I

大室剛志

3.1 文の意味の概要

3.1.1 文の意味の構成要素―述語，項，修飾語

　文の意味に関しては大別して二つの捉え方がある．一つは，文の意味を文脈から切り離して，日本語や英語として適格な（正しい）文が持つ文字どおりの意味として捉える場合の意味である．もう一つは，文の意味を文が発話される文脈（例えば，会話の場面）の中で伝える内容として捉える場合の意味で，こちらは文字どおりの意味以外の（言外の）意味を含むことがある．前者は，通常，**文の意味**（sentence meaning），後者は**発話の意味**（utterance meaning）と呼ばれる．これらの文の意味のうち，本章は前者の文字どおりの文の意味を扱う．後者の発話の意味は，主として第7巻『語用論』で扱われる．

　本章で扱う文の意味は，いわば文の「概念的意味」[1.2.1 項参照]である．文の概念的（文字どおりの）意味（以下では単に「文の意味」という）は，**述語**（predicate）を中心として，それに**項**（argument）および随意的な修飾語が加わったものと分析される．文はなんらかの事態（出来事，状態）を表すが，事態の主要な内容を表すのが述語（通常，動詞や形容詞がこの機能を果たす）である．述語が表す事態には**関与者**（participant）が存在し，項とはその関与者のことである（文中では主語や動詞・前置詞の目的語が項の役割を果たす）．事態にはその発生や存在の仕方を表現する修飾要素が随意的に加わる．例えば，

(1) Mary sang (on the stage).

においては，sing という動詞が述語の役割を果たし，「歌を歌う」という事態を表し，その事態に不可欠な関与者として関わるものが，「（歌を歌う）人」である Mary であり，これが項である．一方，括弧付きで示した on the stage（舞台の上で）は随意的な要素で，修飾語である．この要素がなくても (1) の文は成立する

（適格である）．これに対し，項は文の不可欠な要素で，項が欠けると文は成立しない．(1) で Mary が欠けると，文は英語として不適格な文となる．

述語の種類により，それが表す事態の関与者の数は変化する．(1) の sing という述語が表す事態の関与者は，上で述べたように，一つ（一人）であるが，二つ（以上）の関与者を含む述語もある．

(2) a. John loves Mary.
b. John gave Mary a book.

(2a) の love（愛している）という述語は，「愛している者」と「愛されている者」という二つの関与者，すなわち，項を必要とする．(2a) では，John と Mary はともに項で，どちらが欠けても (2a) は不適格な文となる．(2b) の give は「与える者」(John)，「（与えられる物を）受け取る者」(Mary)，「与えられる物」(a book) という三者を項として含む．give を含む文ではこれら三者が不可欠で，どれが欠けても (2b) は文として成立しない．(1) の sing のように一つの項をとる述語を**一項述語**（one-place predicate），(2a) の love のように二つの項をとる述語を**二項述語**（two-place predicate），(2b) の give のように三項をとる述語を**三項述語**（three-place predicate）という．

3.1.2 文の意味範疇とその関数と項への分解

文は述語を中心にして，義務的な項と随意的な修飾語から構成されることを見たが，文全体としては，なんらかの事態を表している．その事態には，動作動詞が用いられた (3) のような文が表す**出来事**（event）と状態動詞が用いられた (4) のような文が表す**状態**（state）がある．

(3) John went to Tokyo.
(4) The egg is in the box.

よって，文という**統語範疇**（syntactic category）は，「何々が何処何処へ行ったという出来事」とか，「何々が何処何処にあるという状態」といった意味上のまとまりを表している．この意味上のまとまりのことを**意味範疇**（semantic category）と呼ぶ．

文の形（統語構造）を分析する時に，その文がどのような統語範疇から成り立っているか（例えば，(3) の文であれば，went という動詞，to Tokyo という前置詞句，went to Tokyo という動詞句，John という名詞（句）等から成り立ってい

る）を見るように，文の意味を分析する時にも，その文がどのような意味範疇から成り立っているかを見ておくことは重要である．文という統語範疇は，状態という意味範疇と出来事という意味範疇に対応しているので，状態と出来事という意味範疇がそれぞれどのような（下位の）意味範疇から成り立っているかを見ることは，とりもなおさず文の意味の一側面を分析していることになる．

(3) の文が，形の面で動詞とか前置詞句とか名詞（句）といった要素に分解できたように，(3) の出来事や (4) の状態といった意味範疇も**関数**（function）と**項**（argument）とに分解できる．逆にいえば，出来事や状態という意味範疇は関数と項から構成されている．

意味（範疇）が関数と項から構成される，という考え方は論理学に由来する．論理学では，例えば「犬」という意味は「…は犬である」という空所付きの命題として捉えられ，空所の部分に「ポチ」「ハチ」「ミケ」などの具体的な固有名を入れると，命題の真偽が定まるので，「犬」のような普通名詞の意味は，固有名から命題への関数（これを「命題関数」という）とみなされる．そして，空所の部分は「項」，「は犬である」の部分は「述語」(predicate) と呼ばれ，この述語が関数の役割を果たす．意味範疇とは意味の類のことで，〈犬〉という意味は**物** (thing) という類に属するのに対し，「…へ行った」，「…は…にある」といった動詞が表す意味 (= 述語) は，それぞれ，出来事 (event)，状態 (state) という意味範疇に属する．述語は関数の役割を果たすので，本章では，「述語」と「関数」は同義語として扱う（論理学をいかに言語の意味論に生かすかについては Allwood *et al.* (1977) 参照）．

では，(3) の出来事と (4) の状態はどのような関数と項から構成されているのだろうか．(3) では，went が動詞であり述語に相当するので，went を少し抽象的に捉えて GO という関数と考える．そうすると，その GO という関数が，項として John と to Tokyo の二つを取っていると考えられ，(5) のように表記することが可能である（(3) の文に含まれる時制の意味は，説明の便宜上，(5) の関数表記においては無視している．以下のすべての関数表記においても同様）．

(5) GO (JOHN, TO TOKYO)

(5) は，GO が関数，JOHN と TO TOKYO が項なので，数学でいう $f(a,b)$ にちょうど相当している．GO は出来事を示す関数なので，**出来事関数** (event function)

の一つとみなすことができる．

　同様に，(4) では，is が動詞なので，それを少し抽象的に捉えて BE という関数と考える．(4) は，この BE という関数が，項として the egg と in the box の二つを取っているとみなせる．そうすると，(4) は (6) のように表記できる．

　(6)　BE (EGG, IN BOX)

BE は状態を示す関数なので，**状態関数**（state function）の一つである．

　以上，文に対応する意味範疇の出来事と状態のいずれもが，関数と項に分解できることを見た．逆に，これらの意味範疇は関数と項から構成されているともいえる．

3.1.3　文以外の意味範疇とその関数と項への分解

　関数と項に分解されるということは，文に対応する意味範疇である出来事と状態だけでなく，一般にいずれの意味範疇にもあてはまる．このことを見るために，(5) と (6) をもう一度見ることにしよう．

　(5)　GO (JOHN, TO TOKYO)
　(6)　BE (EGG, IN BOX)

(5) と (6) において，それぞれの関数が取っている第一項目の JOHN と EGG の意味範疇は，ともに，個体としての物と見ることができる．よってそれらの意味範疇は前項で述べた物（thing）である．では，(5) の出来事関数の GO が取っている第二項の TO TOKYO の意味範疇は何であろうか．「東京へ」と言っているのだから，その意味範疇は，第一項の JOHN が移動する**経路**（path）と考えられる．一方，この経路の TO TOKYO であるが，これ自体がさらに関数と項に分解することができる．前置詞 to に対応する意味上の TO を経路を示す**経路関数**（path function）とみなすと，その経路関数 TO が項として意味範疇の物である TOKYO を取っていると考えることができる．TO を一項述語と見れば，TO TOKYO は (7) のように表記できる．

　(7)　TO (TOKYO)

　次に，(6) に注目してみよう．(6) の状態関数である BE 関数が取っている第2項の IN BOX は，「箱の中に」と言っているのだから，その意味範疇は**場所**（place）である．さらに，この場所という意味範疇も IN BOX の IN を**場所関数**（place function) とみなせば，その関数 IN が項として物である BOX を取っていると考えられ，(8) のように表記できる．

(8) IN (BOX)

実は，関数の項の位置によく出てくる物という意味範疇も，関数と項に分解できる．

(9) father of the bride

この (9) 全体は，花嫁の父という個体を示しているので，物とみなすことができ，意味範疇は物である．この物もまた関数と項に分解できる．「父」という親族語は，「子供の男の親」というように，子供との関係において初めて定義できる関係的な意味を持つものなので，一つの関数と見ることができる．父が関数ならば，その項は (9) の場合，花嫁となる．よって，(9) 全体としての意味範疇である物は，関数としての father である物とその関数の項としての bride という物とに分解される．それゆえ，(10) のように表記される．

(10) FATHER (BRIDE)

以上で見たように，文が表す意味範疇である出来事と状態を分解すると，それは関数と項に分解でき，さらに，その項がまた関数と項に分解できる．つまり，文の意味を構成する意味範疇はいずれも関数と項に分解できるということである．これは，意味範疇を関数と項に分解したことの一つの効用と考えられる．文の意味範疇は，項と関数を組み合わせてできる意味範疇をまた別の意味範疇と関数を使って組み合わせるという操作の繰り返しから成り立っているものだということになる．このことは，(3) の文と (4) の文との項と関数の組み合わせを，それぞれ，(11) と (12) で表記できることによく現れている．

(11) GO (JOHN, TO (TOKYO))
(12) BE (EGG, IN (BOX))

次項では，意味範疇を関数と項に分解することのさらなる効用を見ることにする．

3.1.4 可能な意味範疇と不可能な意味範疇

意味範疇を関数と項に分解することで，可能な意味範疇と不可能な意味範疇があることもわかる．(3) の文は，(5) に示したように出来事関数である GO 関数がその第一項として物を取り，第二項として経路をとっているから可能な（適格な）

出来事となっている．しかし，ここで，GO 関数が第二項として，(6) の第二項のような場所を取ったらどうなるであろうか．その組み合わせでできる文は，例えば，(13) となる．

(13) *John went in the room.

(13) は不適格である．これは，GO 関数は第一項に物を取り，第二項に経路をとって出来事という意味範疇を構成することは可能であるけれども，第二項に経路ではなく，場所を取ってしまっては適格な意味範疇としての出来事を構成できないことを示している．そのような出来事という意味範疇は可能な（適格な）意味範疇ではなく，不可能な（不適格な）意味範疇ということになる．つまり，意味範疇を構成する関数と項の組み合わせには一定の規則性があり，その規則性を破ってしまっては，適格な意味範疇にはならない，ということである．

同様に，(4) の文は，(6) に示したように，BE 関数が第一項として物を取り，第二項として場所を取って状態という意味範疇を構成しているから，適格な文となっているが，もし，ここで，第二項として経路を BE 関数が取ったならば，その文は，例えば，(14) のようなものとなる．

(14) *The egg is to the box.

(14) も不適格である．つまり，BE 関数はその第一項として物を取り，第二項として場所を取って，状態として適格な意味範疇を構成することは可能であるが，BE 関数が第二項として経路を取った場合は，状態として不可能な意味範疇が構成されてしまう．このように，可能な（適格な）意味範疇と不可能な（不適格な）意味範疇とを区別できることは，意味範疇を関数と項に分解したことのもう一つの効用ということができる．

3.1.5　似た意味を持つ文—意味場の存在

意味範疇を関数と項に分解したことのさらなる効用は，(15) のような文が互いに似た意味を持つことをうまく説明できることである．

(15) a. The monkey went from the ground to the tree.（空間場）
　　 b. The inheritance went from the professor to his student.（所有場）
　　 c. The light went/changed from yellow to red.（属性場）
　　 d. The meeting was changed from Monday to Friday.（時間場）

(15) の a から d の文を見ると，どれも互いに意味が似ていると感じる．それぞれ

に異なる単語が使われているのに，なぜ似ていると感じるのだろうか．妥当な文の意味分析は，このような疑問にも答えられなければならない．(15) のいずれの文も似ていると感じる理由は，どの文も「物が何処から何処へ移動した」という出来事を示しているからである．つまり，(15) のいずれの文も (16) で示される「移動」タイプの出来事を表しているからである．

(16) EVENT＝GO (THING, PATH (＝FROM X TO Y))

すなわち，(15a) は猿が地面から木へ移ったことを，(15b) は遺産が教授から学生へ移ったことを，(15c) は信号の色が黄色から赤へ移ったことを，(15d) は会議が月曜から金曜に移ったことを意味している．(15) のいずれの文も私たちがすでに見た，GO 関数がその第一項として物を取り，第二項として経路を取った移動という出来事を示している．すなわち，(16) で表された同一の意味が (15) のいずれの文にも含まれているので，(15) のいずれの文も意味が似ていると感じるのである．

では，似ていると感じるだけで，(15) のいずれの文も同一の意味を表しているとは感じないのはなぜだろうか．もちろん，それぞれの文でそれぞれに異なった単語が使われているからということもあるが，実は，(16) に示された出来事が起こっている領域が，それぞれの文で異なるからである．この領域は，意味の上での領域なので，**意味場** (semantic field) と呼ばれる．(15a) では，猿が地面から木へ移っているが，その移動という出来事は物理的な空間で起こっている．(15b) では，遺産が教授から学生へ移っているが，その移動は遺産の所有権の移動であって，空間での移動ではない．(15c) では，信号の色が黄色から赤に移っているが，それは色という属性が黄色という属性から赤という属性に変化しているのであって，空間で移動が起こっているわけではない．(15d) では，会議が月曜日から金曜日に移っているが，それは会議が開かれる時間が月曜から金曜日に移ったのであって，空間での移動ではなく，時間での移動である．つまり，(15) のいずれの文も互いに似てはいるが，似ているだけであって同一ではない理由は，(15) のいずれの文も，(16) に示した出来事の意味を共有するものの，その出来事が起こっている意味場がそれぞれに異なるからである．すなわち，(16) に示したパタンの出来事が，(15) のそれぞれの例文の最後に示したように，(15a) では**空間場** (spatial field) で起き，(15b) では**所有場** (possessional field) で起き，(15c) では

属性場 (identificational field) で起き，(15d) では**時間場** (temporal field) で起きている．

(15) の文が互いに似た意味を持つという直感を捉えられるのは，出来事を関数と項に分解し，同じ関数と項の組み合わせからなる (16) の出来事を，(15) のどの文も含むことを示し得るからである．これも，意味範疇を関数と項に分解することの効用と考えられる．(15) の文は，さらに，多くの文の意味が関数と項への分解と意味場との組み合わせで記述できることの一端も示している．(15) の意味場の中では，(15a) の空間場が認知的には，基本的な意味場であって，それ以外の意味場は派生的な意味場といえる．このように具体的な事態を特徴づける物理的空間場における出来事や状態から，抽象的な意味場における出来事や状態が派生されたという考えは，**場所理論** (localistic theory) と呼ばれる意味理論に見られる (Anderson 1971; Gruber 1965; Fillmore 1968; Jackendoff 1972, 1990 等参照)．

3.1.6　もう一つの出来事——使役

3.1.3 項で，文の意味範疇は，項と関数を組み合わせてできる意味範疇をまた別の意味範疇と関数を使って組み合わせるという操作の繰り返しから成り立っていることを見たが，そのことをさらによく示す使役という出来事を考えてみる．

(17)　a. Bill forced John to go to Tokyo.

　　　b. John went to Tokyo.

(17b) の文は，私たちがすでに見た (3) の文であって，移動という出来事を表していた．この文と (17a) の文もどことなく似ていると私たちは感じる．というのも，(17a) の文は，(17b) の文の外側に，Bill と forced を加えてできあがっていると見ることができるからである．つまり，(17a) の文で記述している事態は，Bill が (17b) で表された出来事を引き起こすという出来事を示している．文が表す事態には，(17b) が示す「ある物が何処かへ行く」というような出来事以外にも，このように「ある物がある出来事を引き起こす」という出来事もある．この出来事を**使役** (causation) という．

(17b) の意味は，すでに，(18) として示せることを (11) で見た．

(18)　[= (11)] GO (JOHN, TO (TOKYO))

(17a) の動詞 force を抽象的に捉えて (ここでは force が持つ「無理やり〜させる」

の意の「無理やり」の部分を除いて考える),何々が何々を引き起こすことを示す関数として CAUSE という関数を新たに立てるならば,(17a) は Bill が (18) の出来事を引き起こしているので,その意味は (19) のように表記できる.

(19) CAUSE (BILL, GO (JOHN, TO (TOKYO)))〔= Bill caused John to go to Tokyo.〕

(17b) の文の意味に比べれば,(17a) の文の意味はより複雑である.しかし,意味範疇は関数と項の組み合わせからなると考えたおかげで,(18) の意味の外側に CAUSE という関数と BILL という項を新たに加えるだけで,(17a) の文が持つような複雑な意味も (19) として示すことができる.(17a) の文が,(17b) の文と似ていると感じたのも,今となっては,(17a) の文の意味である (19) が,その一部に (17b) の文の意味である (18) を含んでいるからだと説明がつく.このことは,また,使役という大きな出来事は,自分の中に小さな別の出来事を取り込んでいることを示している.

3.1.7 使役と意味場の組み合わせ

3.1.5 項では,移動という出来事を関数と項に分解し,それと様々な意味場とを組み合わせることで,多くの文の意味が分析できることを見た.3.1.6 項では,使役という出来事も関数と項に分解できることを見たので,それと様々な意味場とを組み合わせることで,さらに多くの文の意味が分析できないかを考える.使役と空間場を組み合わせてみよう.

(20) a. John forced/caused Mary to go away.(空間場)
　　　b. John made Mary go away.(同上)

(20) の文は,使われている動詞が異なるし,不定詞に to が付くか,付かないかで異なるが,(21) として表記できる使役という出来事が空間場で起きたものとして,いずれの文の意味も分析できる.

(21) CAUSE (JOHN, GO (MARY, AWAY))

次に,使役と所有場を組み合わせてみる.

(22) John gave/lent/bought Mary a book.(所有場)

(22) は動詞が異なるが,いずれの文も,その基本的意味は (23) として表記できる使役が所有場で起きたものとして,分析できる.

(23) CAUSE (JOHN, GO (BOOK, FROM (JOHN) TO (MARY)))

最後に，使役と属性場を組み合わせてみる．
 (24) a. John painted the wall green.（属性場）
    b. John froze the ice cake solid.（同上）
    c. John hammered the metal flat.（同上）
(24) の文は，それぞれ使われている動詞，目的語に出ている名詞，補語に出ている形容詞は異なっていても，(25) として表記できる使役が属性場に起きたものとして分析できる [PROPERTY は green, solid, flat 等が表す物の属性の総称表記]．
 (25) CAUSE (JOHN, GO (THING, TO (PROPERTY)))

3.1.8　3.1 節のまとめ

本節では，意味範疇を関数と項とに分解することで，文の意味の骨格を分析できることを見た．関数として，GO, BE, CAUSE, IN, TO, FROM といった非常に限られたものを認めるだけで，また，項として生じる意味範疇として，物 (thing)，経路 (path)，場所 (place)，出来事 (event)，状態 (state) といった非常に限られたものを認めるだけで，多くのそして複雑な文の意味を，それらを一定の仕方で，繰り返して組み合わせていくことにより，分析することができることを見た．よって，これらの関数と意味範疇は，意味を構成する非常に原初的な単位，**原始語** (primitive) として認定できる．また，これらと様々な意味場とを組み合わせることで，さらに多くの複雑な意味を持つ文を分析できるし，加えて，文と文の意味的類似性なども捉えることができることを見た．

3.2　文を構成する述語と項自体の分解とその問題点

前節では，意味範疇を関数と項に分解することで，文の意味の骨格を分析できることを見たが，本節では，文を構成する述語や項自体を，前節で見た関数のような意味の原始語を使ってさらに分解できないかを考え，さらに，その分解の問題点を指摘し，その解決策について若干ふれることにする．

3.2.1　項自体の分解とその問題点
 (26) から話を始めよう．
 (26) John is a bachelor.

この文は，前節で述べた BE 関数を用いると (27) と分析できる．

(27) BE (JOHN, BACHELOR)

(27) の項として生じている bachelor はこれ以上分解できないかというと，**意味素性** (semantic feature) [2.3節参照] として，[HUMAN] [ADULT] [MALE] [UNMARRIED] の四つを設定すれば，BACHELOR はこれら四つの素性を論理語 AND (∧で表す) で結合したものと分析できる．

(28) BACHELOR = [HUMAN] ∧ [ADULT] ∧ [MALE] ∧ [UNMARRIED]

BACHELOR の場合には，これら四つの意味素性に分解することがかなりの有効性を持つ．というのは，四つの意味素性に分解することで，即座に (29) に挙げた意味に関する事実を捉えることができるからである．

(29) a. bachelor であれば，man であるということが含意される．
　　　b. bachelor と spinster は反義である．
　　　c. bachelor と unmarried man は同義である．
　　　d. The bachelor is unmarried は常に真となる分析文である．
　　　e. married bachelor は矛盾である．
　　　f. a liquid bachelor は逸脱している（異様な意味を持つ）．

しかし，この分解にも問題がないわけではない．UNMARRIED は意味的な原始語としての意味素性といえるであろうか．NOT と MARRIED にさらに分解できるではないか．では，MARRIED はもうこれ以上分解できそうもないけれど，これが意味の原始語で普遍的な性質を持つ意味素性といえるであろうか．同じことは HUMAN についてもいえる．人間は動物で哺乳類であるので，ANIMAL と MAMMAL に分解できる．でもこれでは，猿も ANIMAL と MAMMAL なのだから，猿と人間が区別できなくなる．仕方がないので，HUMAN は ANIMAL + MAMMAL + X とする．これでは，分解し尽くせない X が残ってしまい問題である［この問題について詳しくは，2.3節，および太田 (1980，第2章) 参照］．

bachelor の場合の，意味素性による分解はまだそれでもよいのであるが，普通の名詞である chair はどのように意味素性を用いて定義できるであろうか．椅子の**固有機能** (proper function) を持ち出して，(ⅰ) [人が座る家具] としたらどうだろうか．家具ではないプラスチックでできた飾りものの芸術品の椅子は椅子ではないのか．猿が座ったら椅子でなくなるか．では，(ⅱ) [座面がある] としたらどうであろうか．座面がなく，運動選手がバランス感覚を磨くために座るビニー

ルでできた球体のまりのようなものは椅子ではないのか．では，(iii)［背板がある］というのはどうだろうか．背板があるといっても，カウンターに向かって座る腰掛けについたわずか数センチぐらいのものを背板といえるであろうか．ベンチやスツールのように背板のない腰掛けは椅子でないのか．では，(iv)［4本の脚がある］というのはどうか．折りたたみ式の金属製の椅子は脚が何本あるとはいえないし，脚のない，座椅子も存在する．ようするに，その指示対象が様々な形体や機能を持つ chair に対して，必要十分条件としての定義はできないのである［語とその指示対象の関係については 1.1.1 ～ 1.1.3 項参照］．

　では，全く chair は定義することができないかというと，次のような仕方なら定義できなくはない．(i) から (iv) までのそれぞれを，**優先条件** (preference condition) と捉え，(i) から (iv) のすべての条件を兼ね備えた物が，椅子の**典型** (prototype) であると定義し，その条件の一つを欠くとその分，典型的な椅子からは逸れる，非典型的な椅子であるというように定義することができる（このように，語が表す範疇が典型を中心に放射状に形成されているという考えについては Lakoff (1987) 参照．また，プロトタイプについては Rosch (1978) 参照．さらに，プロトタイプに関連している**家族的類似** (family resemblance) については Rosch and Mervis (1975) 参照）．

　白黒を明確にする「＋（プラス）／－（マイナス）」の値を用いた意味素性だけでは，意味を完全に記述するには不十分ではないか，という問題は，他でも指摘されている (Bolinger 1965; Weinreich 1966; Lakoff 1987 等)．物体の形状，例えば，duck（アヒル；goose より通常首が短い）と goose（ガチョウ）を，意味素性を用いて，白黒明確に区別しようとすると，duck を［－long neck］, goose を［＋long neck］とでも書き表すことになる．しかし，ここでもまた，［long neck］などといった素性が原始語としての意味素性とは，とても考えられないという問題が生じる．そこで，解決策としては，そのような特性は，意味素性とは扱うことをやめ，その代わりに，物体の形状をその大きさ，その部分の付き方，目の荒さ細かさまでも表示できる，**視覚** (vision) の形式表示である**三次元モデル構造** (3D model structure) (Marr 1982) を用いて，物体の形状として表示することが考えられる．

　三次元モデル構造は, duck や goose に見られる形状の違いだけでなく, running, jogging, loping といった行為の違いを記述するのにも有効であることが知られて

いる．duck と goose，running と jogging と loping の見た目の違いは，確かに語の意味の違いではあるが，その違いは，三次元モデル構造を視覚研究から借りて来て，そこで記述され，その情報と今までに設けた THING と GO とを合わせることで，これらの語の意味を捉える方法が考えられる．ただし，hot, cool, cold といった気温にまつわる語とか，red, yellow といった色にまつわる語も単純な意味素性を用いて分解することはできないことにも注意する必要がある．

3.2.2　述語自体の分解とその問題点

3.1.7 項で見た (20) の文と (24) の文 ((30) と (31) として再掲) をもう一度考えてみる．

(30) a. John forced/caused Mary to go away.（空間場）
　　 b. John made Mary go away.
(31) a. John painted the wall green.（属性場）
　　 b. John froze the ice cake solid.
　　 c. John hammered the metal flat.

これらの文の意味は，異なった動詞 forced, caused, made, painted, froze, hammered を含むものではあるが，使役という出来事を表す同じ抽象的関数 CAUSE を用いて分析した．その理由は，このように異なった動詞から共通の CAUSE という意味を抽出することには，それなりの利点があるからである．(30) のそれぞれの文は，いずれも，(32) の文を含意することに注目されたい．**含意** (entailment) とは，論理学用語で，一つの命題（文の内容）p が真であれば，常に別の命題（文の内容）q も真である場合の命題 p・q 間の関係をいい，この場合命題 p は命題 q を含意するという．(30) の二つの文の内容（命題）が真（事実）であれば，(32) の文の内容（命題）は必ず真（事実）となるので，(30) の二文のどちらも (32) を含意する．

(32) Mary went away.

同様に，(31) のそれぞれの文は，(33) のそれぞれの文を含意する．

(33) a. The wall was green.（属性場）
　　 b. The ice cake was solid.
　　 c. The metal was flat.

これらの異なった動詞から CAUSE という共通の意味を抽出することで，ここで

の二つの含意の関係を (34) として簡潔に述べることができる.

(34) a. CAUSE (X, GO (Y, AWAY)) → GO (Y, AWAY)
b. CAUSE (X, GO (Y, TO (PROPERTY))) → BE (Y, PROPERTY)

[X, Y は項で，任意の個体（人や事物）がその位置を占めることを表す記号]

もし CAUSE を想定しないと，異なった 6 個の動詞について，いちいち含意の関係を (35) のような形で述べなければならない．

(35) a. John forced Mary to go away. → Mary went away.
b. John caused Mary to go away. → Mary went away.
c. John made Mary go away. → Mary went away.
d. John painted the wall green. → The wall was green.
e. John froze the ice cake solid. → The ice cake was solid.
f. John hammered the metal flat. → The metal was flat.

使役動詞が英語にはこの 6 個以外にも多くあることを考えると，(35) のように含意関係を動詞ごとにいちいち述べていることは非常に不経済だし，有意義な一般化を見失うことになる．したがって，動詞を今まで行って来たように，抽象的な関数として捉え，文の意味を関数と項に分解して分析していくことには利点がある．

さらに，文の中心となる述語である動詞もこれまで用いた関数を使って分解可能である．例えば，動詞 kill であれば，おおよそ CAUSE (X, NOT (BE (Y, ALIVE))) と分解できる．加えて，成立する含意関係も CAUSE (X, NOT (BE (Y, ALIVE))) → NOT (BE (Y, ALIVE)) と述べることが可能になる．

このように，動詞を CAUSE のような抽象的な関数として分析していくことには利点がある．他方，3.2.1 項では，名詞の chair を意味素性を用いて分解した時，必要十分条件で chair を定義できない状態に陥り，それを打開するために優先条件として捉え直す方法があることを見た．実は，同様のことが動詞を意味素性で分解する時にも起きる．英語の動詞 climb を考えてみよう．

(36) Bill climbed down the mountain.　　　　　　　　　(Jackendoff 1990: 35)

日本人の私たちは「おやっ」と驚くかもしれない．しかし，英語の climb は，山から下りるということを表す時にも使えるのである（日本語の「登る」はその使い方ができないことに注意）．現代英語の大規模コーパスである The British National Corpus を検索してみると，確かに，(37) のような例が確認できる．

(37) a. He climbed down the ladder. (BNC, HRA 3793)
    b. The crabs have climbed down the cliffs. (BNC, F9F 23)

では,「おやっ」と驚いた私たちの感覚はおかしいのかというとそうではない. climb の基本は,やはり,上に向かって(UPWARD),しかも,手足を動かしてよじ登る(CLAMBERING)という二つの条件を同時に満足した (38) である.

(38) Bill climbed (up) the mountain. (Jackendoff 1990: 35)

(36) の climb down は,この二つの条件のうちの一つ,上に向かって(UPWARD)という条件を明示的に否定し,climb の典型的な意味からは逸れた,その分,特殊な意味となる.そのため,私たちは驚くわけである.では,もう一つの条件である CLAMBERING を否定することもできるかというと,できなくはない.しかし,(36) と同様,(38) の典型的な意味からは,二つの条件の一つを否定した分,逸れ,特殊な意味となる.(39) の蛇は手足がないので clamber できない.

(39) The snake climbed (up) the tree. (Jackendoff 1990: 35)

二つの条件を満足している (38) の climb が典型(prototype)で,そのうちの一つの条件を欠いた (36) と (39) の climb は climb として可能は可能だが,一つの条件を欠いた分,特殊となる.では,二つの条件を同時に欠いたらどうなるか,つまり,蛇が下方に動いたらどうなるか((37a) は人,(37b) は蟹であることに注意)というと,これではもう climb という意味が成り立たなくなる.よって,(40) の文は非文法的となる.

(40) ?*The snake climbed down the tree. (Jackendoff 1990: 35)

注意すべきは,この UPWARD と CLAMBERING という条件は,OR という論理記号で単純に**離接的に**(disjunctively)結合されているわけではない,ということである.もしそうであれば,Bill went down to the bank. が「銀行へ」という解釈と「土手へ」という解釈との間で,解釈が**曖昧に**(ambiguous)なるように,(38) もまた,UPWARD だけを含む解釈と CLAMBERING だけを含む解釈との間で解釈が曖昧になるはずである.しかし,実際はそうではなくて,(38) の最も普通の解釈は,UPWARD と CLAMBERING の条件を同時に満足している解釈であって,その解釈が一番安定した解釈である.そして,片方の条件を落とすと,その分,典型性が薄れる.それでも一応 climb とはいえる.このように,二つの条件が同時に満足された時が典型的で,片方の条件を落とすと,その分,典型性が薄れる

ような条件の集合を，**優先規則体系**（preference rule system）と呼び，その集合を構成している各条件を**優先規則**（preference rule）あるいは**優先条件**（preference condition）という．人間の心理が絡む言語の意味は，往々にして，必要十分条件では記述できず，優先規則体系，プロトタイプ効果，家族的類似などを用いないと捉えられない側面を持つことがある（climb の分析と優先規則体系の詳細については，Jackendoff（1985）参照）．

3.3 意味役割

3.3.1 意味役割とその定義の仕方

(41) を考えてみよう．

(41) John killed the snake.

(41) はジョンが蛇を殺したという単純な文だが，それでも三種類のそれぞれに異なった重要な文法上の情報を含んでいる．一つ目の種類の情報は統語論に属する情報で，John は名詞句（NP）で，the snake も名詞句であるといった**統語範疇**（syntactic category）に関する情報である．二つ目の種類の情報も統語論に属する情報で，John はこの文の**主語**（subject-of）であり，the snake は動詞句の**目的語**（object-of）という**文法機能**（grammatical function）に関する情報である．三つ目の種類の情報は意味論に属する情報である．(41) の文において，John は the snake を殺すという出来事を引き起こしている．その意味で，John は**動作主**（agent）である．それに対し，the snake は John が行なった殺すという行為を被る者であるため**被動作主**（patient）である．動作主や被動作主などは，(41) の文の意味に関わる情報であり，意味の上で役割を果たしているため，**意味役割**（semantic role）と呼ばれる（**主題役割**（thematic role, theta-role, θ-role）と呼ばれる時もある）．

意味役割を設ける利点としては，以下のことが考えられる．(42) を見てみよう．

(42) a. John opened the door.
　　　b. The door opened.

まず，この二つの文を見た時，意味上似ていると感じる．しかし，the door は，(42a) では，文法機能が目的語であり，他方，(42b) では主語であるので，文法機

能からは，(42a) と (42b) が意味上似ているということは捉えられない．もちろん，the door の統語範疇が同じく名詞句だから2つの文は似ているとも考えられるが，ここで，the door が open という行為に対してどういう意味上の関係を持っているかを観察してみると，(42a) でも，開く (open) という行為がなされた時，開くという行為によって閉まった状態から開いた状態へと変化している（移動している）ものが the door であるし，(42b) でも，開くという行為が起きた時に，閉まった状態から開いた状態へと変化している（移動している）ものが the door である．この変化しているもの（移動しているもの）に**主題** (theme) という意味役割を与えれば，(42a) と (42b) が意味上似ている理由は，どちらの文でも the door が主題という同じ意味役割を持っているからだと説明がつく．

次に，(42) に加えて，(43) も考えてみる．

(43) a. John sank the boat.
 b. The boat sank.

John の意味役割は，(42a) でも (43a) でも動作主である．そして，(42a) でも (43a) でも John は主語である．同様に，(42a) で the door の意味役割は主題であり，(43a) でも the boat の意味役割は主題であり，どちらの文でも統語的には目的語である．さらに，(42b) で the door の意味役割は主題であり，(43b) でも the boat の意味役割は主題であり，どちらの文でも統語上は主語である．ここには，何か規則性が潜んでいる．つまり，意味役割の種類が何であれば，統語上，どの文法機能を担うことになるのか，その両者の間にある一定の規則性がある．その規則性を，意味役割を設定することによって，(44) のように捉えることができる．

(44) 文の意味に動作主と主題が含まれている時は，文の統語構造では，動作主が主語に，主題が目的語になる．動作主がなく，主題しかない時は，主題が主語になる．

このように，意味役割を設けておけば，意味と統語がどのように対応するかを原則的に述べることが可能となる．言語は意味と形のペアからなっていることを考えると，その関係を原則的に述べることを可能にする意味役割を設定することは，非常に重要だということになる．

なお，(42a) と (42b) の関係および (43a) と (43b) の関係は 3.1.6 項や 3.2.2 項で扱った使役と含意の関係でもある．

(45) a. John opened the door. → The door opened.［(42a) と (42b) の関係］

b. John sank the boat. → The boat sank.　［(43a) と (43b) の関係］

使役と含意の関係とは，大まかに図式で示すと

(46)　○ ──→ ○ ---→ ○　　　──→ ＝エネルギーの伝達
　　　動作主　主題　到着点（変化後の状態）　---→ ＝移動（変化）

となる．すなわち，(46) は動作主からエネルギーが主題に伝達され，その結果主題が移動するか，あるいはその状態を変化させることを表す．(42a) の他動詞文は，(46) の図式を用いていえば，動作主（John）が力（エネルギー）を主題（the door）に加え，その結果主題が（閉まった状態から）開いた状態に変化することを表し，(42b) の自動詞文は，(46) に示した，主題が到着点（変化後の状態）に至る変化の部分の意味を表す．同様に，(43a) の他動詞文も，(46) の図式でいうと，動作主（John）の力（エネルギー）の伝達が主題（the boat）を水面下に移動させる（すなわち，沈める）という結果をもたらすことを，そして (43b) の自動詞文は，主題（the boat）が到着点（水面下）に至る移動（沈没）の過程を表す．このように，(42a) と (42b) および (43a) と (43b) の関係は，(46) に示した「動作主のエネルギー（力）の主題への伝達，それによって生じる主題の移動（状態変化）」という，いわば「玉突き現象」として捉えることができる．そして，当然のことながら，エネルギーの伝達が主題の移動（状態変化）をもたらすことを表す (42a) (43a) と，その事態の中の移動（状態変化）の部分のみを表す (42b) (43b) との間には，(45) に示したように，物理的因果関係に基づく含意の関係が成立する．(46) に示したように，移動や状態変化を含む事態を，動作主・被動作主（または主題）・エネルギー（力）の伝達といった構成要素の「玉突き現象」として分析する試みは，認知言語学で**ビリヤードボール・モデル**（billiard-ball model）と呼ばれる事態認知モデルとして知られている（このモデルについて詳しくは，Langacker (1990, 2008) を参照）．

　意味役割に話を戻すと，上述のように，意味役割は文の意味構造自体と意味構造と統語構造との対応を考えるうえで非常に重要なものである．文の意味役割分析にどれくらいの数の意味役割を想定する必要があるかに関しては，研究者の間で意見が分かれるが，必要と広く認められている（動作主と被動作主以外の）主な意味役割を，その直感的な定義と具体的な例文（斜字体で示した要素が当該の意味役割を担う要素）と共に挙げておく．

(47) a. **主題** (theme)：ある場所にある物，あるいはある経路を移動する物，あるいは状態変化を受ける物
The dog is in the park. *Bill* went to New York. John broke *the bathtub* into pieces.
b. **起点** (source)：物が移動する前の位置，あるいは物が状態変化を受ける前の状態
Bill went from *Chicago* to New York. The light changed from *yellow* to red.
c. **着点** (goal)：物が移動し到達した位置，あるいは物が状態変化を受けた後の状態
Bill went from Chicago to *New York*. The light changed from yellow to *red*.
d. **場所** (location)：主題がある場所
The dog is *in the park*.

(47)のような直感的な意味役割の定義（Gruber 1965, 1976 参照）は有効で，その後の意味役割に関する研究（Jackendoff 1972; Grimshaw 1990 等）に大いに役立ったが，上述の意味範疇を関数と項に分解していく考えに基づけば，(47)のような直感的な定義のいくつかは，意味構造における構造上の位置を用いて形式的に再定義することが可能となる．例えば，「ある場所にある物，あるいはある経路を移動している物」という主題は，GO 関数と BE 関数の第一項として形式的に定義できる．「物が移動する前の位置」という起点（source）は，経路関数の一つである FROM 関数の項（(15) (16) 参照）として定義できる．「物が移動し到達した位置」という着点（goal）は，経路関数の一つである TO 関数の項として定義できる（(15) (16) 参照）．「出来事の引き起こし手」という動作主は，出来事関数の一つである CAUSE 関数の第一項として形式的に定義できる．つまり，3.1 節で見たように，意味範疇を関数と項に分解し，明示的で形式的な意味構造を設けることによって，意味役割は意味構造に含まれる特定の関数の項として再定義できる．統語論の標準理論において，「文の主語」という文法機能が，文 (S) に直接支配された名詞句（NP）と定義されるのと全く平行的に，「出来事の動作主」という意味役割は，CAUSE 関数の第一項と定義できるのである．

3.3.2 主題基準

意味役割との関係で**主題基準**（theta criterion）について見ることにしよう．主

3.3 意味役割

題基準とは主題役割（＝意味役割）と項の関係について，チョムスキー（Chomsky, N.）が次のように述べるものである（チョムスキーは主題役割という用語を用いているが，以下の説明では意味役割に言い換える）．

(48) 文中の各項は，一つの，そしてただ一つの主題役割を持ち，かつ，各主題役割は，一つの，そしてただ一つの項に付与される．　　　(Chomsky 1981: 36)

3.1.1 項ですでに述べたように，(1) の文（(49) として再掲）で Mary が欠けると，(50) におけるように，英語として不適格な文となる．

(49) Mary sang (on the stage).
(50) *sang (on the stage).

その理由は，(50) では，動詞 sing から主語に付与されるべき意味役割（動作主）が，Mary がないために項に付与されておらず，主題基準 (48) の後半部に違反するからである．同様にこの基準は，(2a)（(51a) として再掲）と (2b)（(51b) として再掲）において，John, Mary, a book などの項がもし欠けると非文法的となることについてもあてはまる．

(51) a. John loves Mary.
b. John gave Mary a book.

この主題基準については，一見すると，その正しさを疑わせる例が存在する．(48) の前半部が正しくないと一見思わせる例が (52) である．

(52) John bought the book from Mary.　　　　　　(Jackendoff 1990: 62)

(52) の buy には，二つの行為が同時に関わっている．the book という物の所有権の移動と，それと同時にその裏で進行している金の所有権の移動である．本は Mary から John の手に渡るが，それと同時に金は John から Mary へ渡る．よって，John は本の所有権の移動に関しては着点であるが，金の所有権の移動に関しては起点となる．また，Mary は逆に，本に関しては起点であるが金に関しては着点となる．したがって，John も二つの意味役割を持ち，Mary も二つの意味役割を持つことになる．これでは，項が二つの意味役割を持つことになり，(48) の前半部に違反することになりかねない．しかし，この場合，本の移動と金の移動を同じレベルの意味と考えることには問題があるとも考えられる．(52) と

(53) Mary sold the book to John.

とを比較した場合，(52), (53) ともに同様の本の移動と金の移動を表し，これら

二つの移動が意味上同じレベルの移動であるとすると，(52)と(53)の違いがうまく説明できなくなってしまう．前置詞 from と to の相違から明らかなように，言語表現は，第一義的には，(52)では本の移動が Mary からはじまることを，(53)では本の移動が John へ到達することを表しており，それが buy と sell という動詞の選択に反映されている．すなわち，(52)と(53)で用いられている動詞，前置詞の相違は，本の移動を反映するものであって，金の移動を反映するものではない．言い換えると，言語表現の表向きの意味としては，(52)は本の移動の起点に焦点を当てた表現であり，(53)は本の移動の着点に焦点を当てた表現である．(52)，(53)では Mary から John への本の移動は from や to といった前置詞で明示されているのに対し，John から Mary への金の移動は(52)と(53)のどちらにおいても言語表現で表されず，これらの文では，売買につきものの要素として，背景的な意味として伝達される．認知言語学で用いられる**前景**（foreground）と**背景**（background）という用語を用いると，(52)と(53)では本の移動は前景化された（言語表現によって明言された）移動，金の移動は背景化された（含意として伝達される）移動とみなすことができる．

このような考え方に立って，主題基準(48)は前景化された移動のみにあてはまるとすれば，(52)は主題基準の反例ではないことになる（前景と背景については，Langacker (2008) やその他の認知言語学解説書を参照）．

3.3.3 行為層の導入

前項で述べた(48)の主題基準に関係して生じる「一つの項での意味役割の重なり」の問題に関連して，もう一つの解決法としてジャッケンドフ（Jackendoff, R.）の**概念意味論**（conceptual semantics）の考え方を紹介しておこう．ジャッケンドフは**行為者**（actor）と**被行為者**（patient）という，従来の一連の意味役割とは異なった種類の意味役割を導入する．

a. 被行為者

次の(54)の動詞 hit の目的語に注目されたい．

(54) a. Sue hit Fred.
　　b. The car hit the tree.
　　c. Pete hit the ball into the field. 　　　　　(Jackendoff 1990: 125)

(54a)の Fred，(54b)の the tree，(54c)の the ball のいずれも，(55)に示した統

語枠の NP で示された位置に生起することができる．よって，(56) の文はいずれも文法的な文である．

(55) $\left\{\begin{array}{l}\text{What happened}\\\text{What Y did}\end{array}\right\}$ to NP was ...   (Jackendoff 1990: 125)

(56) a. What happened to Fred was Sue hit him.

　　 b. What happened to the tree was the car hit it.

　　 c. What happened to the ball was Pete hit it into the field.　(Jackendoff 1990: 126)

(54a) の Fred, (54b) の the tree, (54c) の the ball は，どれも hit という行為の影響を被るものという共通の意味役割を持つ．この意味役割は**被行為者**（patient）と呼ばれる（上では patient を「被動作主」と呼んでいた [3.3.1 項参照] が，この後で述べる内容を考慮して，概念意味論の説明では「被行為者」と呼ぶことにする）．(55) の統語枠の NP に生起することができれば，その要素は被行為者と同定できるので，(55) は被行為者を同定するためのテスト，すなわち，patient テストである．

　注意すべきは，(54a) の Fred は，Sue（あるいは Sue の手）が当たる着点でもあり，(54b) の the tree も the car が当たる着点でもあり，(54c) の the ball は移動するものなので主題でもある．つまり，(54a) の Fred, (54b) の the tree, (54c) の the ball には被行為者という意味役割が与えられる同時に，動作主の行為を受けることから生じる移動に関わる意味役割が与えられる必要がある．このような一つの項での意味役割の重なりの問題に対処するため，概念意味論は，被行為者（patient）という意味役割を，3.3.1 項で見た時と異なり，従来の一連の意味役割とは異なった種類のものとみなす．

b.　行為者

　今度は，(57) の主語に注目してみよう．

(57) a. The sodium emitted electrons.

　　 b. Bill ran down the hill.

　　 c. The sponge absorbed the water.　　　　　　　(Jackendoff 1990: 126)

(57a) の the sodium, (57b) の Bill, (57c) の the sponge は，どれもその文の動詞で示された行為を行う者という共通の意味役割を持っている．この意味役割は**行為者**（actor）と呼ばれる．(58) に示した統語枠の NP の位置に生起できるものが行為者である．(58) は，行為者を同定するためのテスト，すなわち，actor テス

トである．(57a) の the sodium, (57b) の Bill, (57c) の the sponge は行為者であるので，いずれも (58) のテストを満足し，(59) の文はいずれも文法的となる．

(58) What NP did was …　　　　　　　　　　　　　　　(Jackendoff 1990: 126)

(59) a. What the sodium did was emit electrons.
　　 b. What Bill did was run down the hill.
　　 c. What the sponge did was absorb the water.　　(Jackendoff 1990: 126)

(57a) の the sodium, (57b) の Bill, (57c) の the sponge のいずれも行為者という意味役割を持っているが，それにより，それぞれが持つ従来の意味役割である起点，主題，着点が失われるわけではない．3.3.3 項 a. で見た被行為者が，主題，着点，起点といった従来の一連の意味役割とは独立した，別種の意味役割であるように，被行為者と対をなす行為者もまた，従来の一連の意味役割とは独立した，別種の意味役割とみなされる．

c. 行為層

上で見たように，ジャッケンドフの概念意味論では意味役割が二種類あるとみなされる．一つは，従来の意味役割で主に移動と位置に関わる種類である．二つ目の種類が今上で見た，行為に関わる行為者と被行為者である．これに応じて文の意味表示は互いに独立した二つの**層**（tier）に分けられる．従来の主題，起点，着点といった意味役割は**主題層**（thematic tier）に属する意味役割として，行為者と被行為者は**行為層**（action tier）に属する意味役割として扱われる．すなわち，前者の種類の意味役割と後者の種類の意味役割とは，異なった層に属するものとされる．この二つの層を用いて，(60a) (60b) (60c) (60d) のそれぞれの文の意味役割を表示すると，それぞれその下に示された表示となる．

(60) a. Sue　　hit　　Fred.
　　　　Theme　　　　Goal　　　　(thematic tier)
　　　　Actor　　　　Patient　　　(action tier)

　　 b. Pete　　threw　　the ball.
　　　　Source　　　　Theme　　　(thematic tier)
　　　　Actor　　　　 Patient　　 (action tier)

　　 c. Bill　　entered　　the room.
　　　　Theme　　　　　　Goal　　 (thematic tier)
　　　　Actor　　　　　　　　　　 (action tier)

　　 d. Bill　　received　　a letter.
　　　　Goal　　　　　　　Theme　 (thematic tier)
　　　　　　　　　　　　　　　　　(action tier)　　　　(Jackendoff 1990: 126-127)

ここで注意すべきは，(60c) の行為層に patient がないことである．Bill entered the room. の the room は *What Bill did to the room was enter it. が非文法的となることから，(55) の patient テストを通過せず，(60c) には patient が存在しないとみなすことができる．また，(60d) の行為層に actor がないのは，(61a) に見るように，Bill が (58) の actor テストを通過しないからである．(60d) の行為層には patient もないが，それは，(61b) に見るように，Bill も (55) の patient テストを通過しないし，(61c) に見るように，a letter も (55) の patient テストを通過しないからである．

(61) a. *What Bill did was receive a letter.
　　 b. *What happened to Bill was he received a letter.
　　 c. *What happened to the letter was Bill received it. 　　(Jackendoff 1990: 127)

概念意味論では，行為層を形式的に捉えるために，関数の形式を導入し，その関数として"影響を与える"(affect)を意味する AFF 関数を設ける．出来事 (EVENT) は，(62) に示すように，従来の意味関数 ((62) において…で示されている部分) とこの AFF (ect) 関数とからなる 2 つの**主関数** (mainstream function) から構成されることになる．

(62) 　　[EVENT] → $\begin{pmatrix} \cdots \\ \text{AFF}(\langle \text{THING} \rangle, \langle \text{THING} \rangle) \end{pmatrix}$

従来の一連の意味役割が意味構造の項の位置に基づいて形式的に定義されたように，(62) の概念構造の位置に基づいて行為者は AFF 関数の第一項として定義され，一方，被行為者は AFF 関数の第二項として定義される．注意すべきは，(62) において山括弧（ギュメ）で示されているように，AFF 関数の項は随意的で，その項の数は定まらない．この点は，従来の主題関数，例えば，GO 関数であれば，項は THING 項と PATH 項の二項と定まっていた点と異なる．例えば，Bill entered. といえば，形には PATH が現れていなくても，GO 関数の項の数は二項と定まっているので，Bill は何らかの PATH を移動したと解釈される．すなわち，**暗黙項** (implicit argument；意味構造には存在しても統語構造には形としては出てこない項) という形で意味構造には PATH 項の枠だけが存在することが保証される．これに対し，(60c) や (60d) ですでに見たように，行為者項や被行為者項の場合は，暗黙項として存在するのではなく，文字通り項として存在しない場合がある．つまり，AFF 関数の項は，完全に随意的であり，その数は，ゼロの時もあれば，一

つの時もあり,二つの時もあり,定まらないのである.

3.4 まとめ

　文の意味構造を構成する関数-項構造,そして文の意味構造において重要な役割を果たす意味役割を主に見ることで,文の意味を構成する意味の原始語としてどのようなものがあるのか,それらの意味の原始語がどのような法則に従って組み合わされ,文の意味が構成されるのかを見た.本章では,多くの場合,英語の文や句を例に取ったが,対応する日本語の文や句に置き換えても,その日本語に対してここで行った意味分析がほぼそのままの形で当てはまる.これが可能であるのは,言語の意味構造は言語間の差がなく,ほぼ普遍的である,つまり,そこには意味の**普遍性**(universality)が存在しているからである.一方,言語の形の面である文の統語構造,語の形態構造となると普遍的な面と各言語で異なる面とが共存している.このため,普遍的な意味構造を各言語の統語と形態に写像する仕方,つまり**対応規則**(correspondence rule)にも,普遍的な面と各言語で異なる面とが共存することになる(Talmy (1985b), Yoneyama (1986), 米山 (2009) 等を参照).

より深く勉強したい人のために

- Allwood, Jeans, Lars-Gunnar Anderson and Östen Dahl (1977) *Logic in Linguistics*, Cambridge: Cambridge University Press.
　言語学の意味論を行う上で論理学をどのように用いたらよいかについて述べている教科書.論理学の基礎を英語の専門述語とともに学ぶことができる.また,各章末に豊富な練習問題がついているので,自分がこの本から学んだ論理学の知識を章ごとに確認できるようになっている.意味論関係の本,文献を読んで行く上で必要となる論理学の基礎を学べる.
- 太田朗 (1980)『否定の意味』大修館書店.
　第一部「方法論」と第二部「否定の意味解釈」からなる.第一部「方法論」は,意味論の一般的な枠組みと基本概念の検討がなされている.第二部「否定の意味解釈」を論じていくうえでの一般的な理論的枠組みを整えることに主眼が置かれているが,おおよそ意味論で論じなければならないテーマをこれまでの研究成果の整理と共に提示しているので,意味論研究をこれからしようとする人には特に参考になる.第二部

「否定の意味解釈」は英語を中心に否定に関する意味解釈の問題を網羅的かつ体系的に論じている．

- Jackendoff, Ray (1990) *Semantic Structures*, Cambridge, MA: MIT Press.

  生成文法の意味論である**概念意味論**（conceptual semantics）のバイブルとでもいうべき本で，概念意味論を理解する上での中核的な一冊．Part I で概念意味論の基本的なメカニズムについて論じられ，Part II で意味の問題について詳しく議論され，Part III で意味と統語の対応について詳しく論じられている．本章の記述もこの本を参考にしている部分がある．

- Jackendoff, Ray (2002) *Foundations of Language*, Oxford: Oxford University Press.

  概念意味論も含め，ジャッケンドフが提唱する三部門並列モデルの概念基盤について詳述した大著．Part I では，これまでの生成文法の基本的な仮説を心理学や生物学の面から再検討している．Part II では，ジャッケンドフが提唱する三部門並列モデルを紹介し，そのモデルでの辞書の位置づけ，言語処理にもたらす帰結，言語進化にもたらす帰結などについて論じている．Part III では，意味論の心理学上の位置づけ，語の意味論，句の意味論，文の意味論について論じている．

- Lakoff, George (1987) *Women, Fire, and Dangerous Things: What Categories Reveal about the Mind*, Chicago: University of Chicago Press.

  Rosch (1978) で論じられた，必要十分条件で範疇を定義することはできず，範疇は典型（prototype）を中心に放射状に形成されているというカテゴリー形成の考えに基づき，there 構文などの様々な英語の事例研究を通して，これまでの客観主義に基づく言語理論や認知科学の研究を批判し，経験基盤主義の立場を支持している．**認知意味論**（cognitive semantics）の大著である．

- Langacker, Ronald W. (2008) *Cognitive Grammar: A Basic Introduction*, Oxford: Oxford University Press.

  これまでの自らの**認知文法**（cognitive grammar）の様々な研究成果を多くの人に知ってもらうために簡潔に書かれた認知文法の教科書．「基本的な入門」という副題が付いているが，その内容は深みがあり，表面的な教科書とは違う．これまでの認知文法における誤解を正し，そこで用いられる概念および研究対象の明確化を図っている．認知文法の理論的導入をした後，文法，認知，社会文脈などの相互作用を扱うべく，理論の展開を行っている．認知文法の包括的な入門書．

演習問題

1. 意味構造における構造上の位置に基づいて，主題という意味役割を明示的に定義しな

2. 使役文の意味を分析する際に，CAUSE という抽象的な関数を用いることの利点について具体的な例文に基づいて議論しなさい．
3. 行為者と被行為者を設ける理由について具体的な例文に基づいて述べなさい．

文　献

太田朗 (1980)『否定の意味』大修館書店．
米山三明 (2009)『意味論から見る英語の構造』開拓社．
Allwood, Jeans, Lars-Gunnar Anderson and Östen Dahl (1977) *Logic in Linguistics*, Cambridge: Cambridge University Press.
Anderson, John M. (1971) *The Grammar of Case: Towards a Localist Theory*, Cambridge: Cambridge University Press.
Bolinger, Dwight (1965) "The Automization of Meaning," *Language* **41**: 555-573.
Chomsky, Noam (1981) *Lectures on Government and Binding*, Dordrecht: Foris.
Fillmore, Charles J. (1968) "The Case for Cae," in Emmon Bach and Robert T. Harms (eds.) *Universals in Linguistic Theory*, New York: Holt, Rinehart and Winston, pp. 1-88.
Grimshaw, Jane (1990) *Argument Strucure*, Cambridge, MA: MIT Press.
Gruber, Jeffrey S. (1965) *Studies in Lexical Relations*, Doctoral dissertation, MIT.
Gruber, Jeffrey S. (1976) *Lexical Structures in Syntax and Semantics*, Amsterdam: North-Holland.
Jackendoff, Ray (1972) *Semantic Interpretation in Generative Grammar*, Cambridge, MA: MIT Press.
Jackendoff, Ray (1985) "Multiple Subcategorization and the θ-criterion: The Case of *Climb*," *Natural Language and Linguistic Theory* **3**, 271-295.
Jackendoff, Ray (1990) *Semantic Structures*, Cambridge, MA: MIT Press.
Jackendoff, Ray (2002) *Foundations of Language*, Oxford: Oxford University Press.
Lakoff, George (1987) *Women, Fire, and Dangerous Things: What Categories Reveal about the Mind*, Chicago: University of Chicago Press.
Langacker, Ronald W. (1990) *Concept, Image and Symbol: The Cognitive Basis of Grammar*, Berlin and New York: Mouton de Gruyter.
Langacker, Ronald W. (2008) *Cognitive Grammar: A Basic Introduction*, Oxford: Oxford University Press.
Marr, David (1982) *Vision*, San Francisco: W. H. Freeman.
Rosch, Eleanor (1978) "Principles of Categorization," in Eleanor Rosch and Barbara B. Lloyd (eds.) *Cognition and Categorization*, Hillsdale, N. J.: Erlbaum, pp. 27-48.
Rosch, Eleanor and Carolyn Mervis (1975) "Family Resemblances: Studies in the Internal Structure of Categories," *Cognitive Psychology* **7**: 573-605.
Talmy, Leonard (1985) "Lexicalization Patterns: Semantic Structure in Lexical Forms," in Timothy

Shopen (ed.) *Language Typology and Syntactic Description* (*vol.3*): *Grammatical Categories and the Lexicon*, Cambridge, England: Cambridge University Press, pp. 57-149.

Yoneyama, Mitsuaki (1986) "Motion Verbs in Conceptual Semantics," *Bulletin of the Faculty of Humanities* No. 22, 1-15, Tokyo: Seikei University.

Weinreich, Uriel (1966) "Explorations in Semantic Theory," Reprinted in William Labov and Beatrice S. Weinreich (eds.) *On Semantics*, Philadelphia, PA: University of Pennsylvania Press, pp. 99-201.

第4章 文の意味 II

東 博通

本章では，文の意味を理解するうえで重要な要素である，**法性**（modality）と**時制**（tense）を取り上げる．

文の意味には，核となる基本的な意味に加えて，話し手の判断や想いを表す要素が含まれる．例えば，「ひょっとしたらそうかもしれない」と推測したり，「〜するのは当然だ」と思ってみたりする，いわば話し手の心の態度を表すものがそれである．こうした話し手の判断や想いは一くくりにして法性と呼ばれる．英語には，法性を表す表現形式がいくつか存在する．その代表的なものが**法助動詞**（modal auxiliary，または単に modal）である．本章では，主として，法性の種類や法助動詞の意味と用法を考える．

時制は，文が表す出来事や状況を時間の流れの中に位置づける表現手段である．それは動詞の形態によって示される．時制は，出来事や状況が発生した（あるいは発生する）時間と発話時との相対的な関係を表示する．その意味で，発話場面と密接に関係している．ここでは，それぞれの時制の用法を概観するとともに，文が表す基本的な意味が発話場面にどのように位置づけられるか，そのメカニズムを探ることにする．

4.1 法　　性

4.1.1 法性とは

法性は，文が表す基本的意味（出来事や状態を表す）を話し手がどのように捉えているかを示す意味論的なカテゴリーである．例えば，次の文を例にとってみよう．

(1) a. She *may* be the new teacher.
　　b. You *must* be tired after all that work.

(1a) において，She-be-the-new-teacher が文の基本的意味を表す．これを**命題**（proposition），あるいは**命題内容**（propositional content）という．この場合, may

は，話し手がこの命題の事実性について，「そうかもしれない」と捉えていることを示している．もし命題が事実であることを話し手が 100 パーセント確信しているならば，may を使わずに，She is the new teacher. とそのまま言明することになる．同様に，(1b) において，must は命題の事実性について話し手が，「きっとそうにちがいない」と確信していることを示している．つまり，こうした may や must は，命題が真（事実）であることを話し手がどの程度確信をもって捉えているかを表している．

同様に，次の例を考えてみよう．

(2) a. You *should* study harder.
　　b. You *must* keep your promise.

(2a) の should は「義務」を表す用法として知られているが，この文は，You-study-harder によって表される状況が実現することを，話し手が望ましいこととして捉えていることを表している．また (2b) の must は，話し手が命題である You-keep-your-promise の実現を相手に求めていることを表している．

このように，法性は，事態（＝出来事／状態）が生じる可能性についての確信の度合いや，事態の発生をどのように捉えているか，といった話し手の心的態度を表すものである．

4.1.2　法性を表す表現

英語では，法性はさまざまな方法で表される．その一つとして，先ず，法助動詞が挙げられる．法助動詞とは，文字どおり，法性を表す助動詞のことである．英語の法助動詞としては，(1)(2) の may, must, should の他に，can, will, shall, must, ought to, need, dare, used to, might, could, would, should がある．

法性は，また，perhaps, surely, certainly, maybe, possibly, necessarily, probably などの**法副詞**（modal adverb）によっても表される．

(3) a. *Perhaps* he will win.
　　b. *Certainly* she will come on time.
　　c. *Possibly* he will get well.

これらの法副詞は，事態が生じる可能性についての話し手の判断を表している．

また，certain, possible, likely, probable といった形容詞やその名詞形を用いて，事態の発生の可能性や確実性を表すことができる．

(4) a. *It is certain/possible/likely/probable that* he will come.
　　b. He is *certain/likely* to come.
(5) *There is a possibility/likelihood that* the mountain will erupt in the future.

また，次のような挿入句的な表現も，話し手の判断を表していることから，法表現と見なすことができる．

(6) a. He is intelligent, *to be sure*.
　　b. She comes from Canada, *I believe*.

さらに，I think, I mean, I suppose, I fancy, I take it, I guess などのいわゆる**ぼかし言葉**（hedge）と呼ばれるものも，命題の事実性に対する話し手のためらいや確信のなさを表すことから，法性を示す表現とみなすことができよう．

法性の表現は，上記のような語彙によるものの他に，動詞の**屈折**（inflection）による方法がある．これは**法**（mood）と呼ばれ，英語には，**直説法**（indicative mood），**命令法**（imperative mood），**仮定法**（subjunctive mood）の三種類がある．このうち，話し手の「想い」を表すものは命令法と仮定法である．

命令法は，命令文という形をとる．動詞は原形が用いられ，主語は，通常，省略される．命令文は，「命令」だけでなく，場面に応じて「要求」「助言」「警告」「提案」「指示」などを表し，いずれも事態を生じさせることを話し手が相手に求めていることを伝える述べ方である．

(7) a. Make your bed at once.「命令」
　　b. Shut the door, please.「要求」
　　c. Lock the door before you go to bed.「助言」
　　d. Be careful.「警告」
　　e. Ask me about it again next month.「提案」
　　f. Take the first street on the left.「指示」　　　　　　（以上 Quirk *et al.* 1985）

仮定法は，事柄を事実としてではなく，心の中に浮かぶ考えや仮定あるいは願望として述べる場合に用いられる．仮定法には仮定法現在，仮定法過去，仮定法過去完了の三種類がある．仮定法現在では原形動詞が用いられ，仮定法過去では過去形動詞が，仮定法過去完了では過去完了形が用いられる．

(8) a. God *bless* you!〔仮定法現在〕
　　b. If I *were* you, I wouldn't marry him.〔仮定法過去〕
　　c. I wish I *hadn't met* her.〔仮定法過去完了〕

仮定法というと仮定や願望を表すものと解釈されがちであるが，本来は，話し手の「想い」を述べる表現様式である．そのため，**叙想法**（thought mood）とも呼ばれる．次例に見るように，「主張」や「要求」「判断」「望ましさ」などを表す動詞や形容詞に続く節の中で仮定法が用いられるのは，そのような述語が表す意味世界と仮定法の「想念」の意味が調和するからである．

(9) a. He insists that she *come*.
    b. The UN has demanded that all troops *be* withdrawn.
    c. It is important that he *attend* every day.
    d. It is desirable that interest rates *be* reduced. （以上 *OALD*）

4.1.3 法助動詞が表す法性

英語の法性にどのような種類を認めるかについては，いろいろな説がある．ここでは法助動詞を例にとり，その表す法性を考えてみたい．

前項でふれたように，法助動詞は数としてはそれほど多くない．しかし，個々の法助動詞は様々な意味を表し，その用法は複雑である．こうした法助動詞の特性を体系的に記述するために，これまでいろいろな分析方法が試みられている．その方法の一つに，法助動詞を**根源的法性**（root modality）を表すものと**認識的法性**（epistemic modality）を表すものに分けるやり方がある．根源的法性とは，主語に与えられる「許可」や課せられる「義務」，あるいは，主語の「能力」「意志」「習慣」「特性」といった概念のことである．一方，認識的法性は命題の事実性についての話し手の判断に関わるものである．根源的法性を表す法助動詞の用法は**根源的用法**（root use）と呼ばれ，認識的法性を表す用法は**認識的用法**（epistemic use）と呼ばれる（認識的用法は，話し手が自らの言明を緩和する一種のぼかし言葉であることから，陳述緩和的用法とも呼ばれる）．そして，根源的法性を表す法助動詞を**根源的法助動詞**（root modal）と呼び，認識的法性を示す法助動詞を**認識的法助動詞**（epistemic modal）と呼ぶ．例えば，may が表す「許可」の意味，can の「能力」や「許可」「可能性」，must の「義務」，will の「意志」「習慣」「習性（特性）」，should や ought to の「義務」などは根源的法性である．一方，may が表す「可能性」，must の「必然」，will の「推測」，should や ought to の「確信」などは認識的法性である．

（I）根源的法性を示すもの

(10) a. You *may* go now.「許可」
　　 b. She *can* speak Spanish.「能力」
　　 c. You *can* keep it till Saturday.「許可」
　　 d. It *can* be very cold here at night.「可能性」
　　 e. You *must* do as you are told.「義務」
　　 f. I *will* go and see him.「意志」
　　 g. She *will* spend hours on the telephone.「習慣」
　　 h. Oil *will* float on water.「特性」
　　 i. You *should/ought to* be more careful.「義務」
(II) 認識的法性を示すもの
(11) a. I *may* be late.「可能性」
　　 b. You worked all day, so you *must* be tired.「必然」
　　 c. This *will* be the book you're looking for.「推測」
　　 d. They *should/ought to* be home now.「確信」

根源的用法と認識的用法は意味特性が異なるばかりでなく，次のような違いがある．

（ⅰ）根源的用法の法助動詞は，通常，進行形や完了形と結び付くことはないが，認識的用法では進行形や完了形が続く．

　　(12) a. *You *may be singing* now.（根源的）
　　　　　（君は今歌っていてもよい．）
　　　 b. *John *may have taken* her there.（根源的）
　　　　　（ジョンは彼女をそこへ連れて行ってもよかった．）
　　(13) a. He *may be staying* at the hotel.（認識的）
　　　 b. He *may have left* his umbrella on the train.（認識的）

（ⅱ）根源的用法の法助動詞に否定辞が付くと，法助動詞が否定される場合と動詞句が否定される場合の両方が生じうる．一方，認識的用法では動詞句の意味が否定される．

　　(14) a. You *may not* lock the door.（根源的）
　　　　　＝I don't permit you to lock the door.
　　　　　　（ドアに鍵をかけてはいけない．）［法助動詞否定］
　　　　　＝I permit you not to lock the door.
　　　　　　（ドアに鍵をかけなくてもよい．）［動詞句否定］

b. He *may not* be working in his office.（認識的）
= It is possible that he is not working in his office.
（彼は勤務中でないかもしれない．）［動詞句否定］

(iii) 根源的用法では受動態にしたときに文の意味が変わるのに対し，認識的用法では知的意味は変わらない．

(15) a. John *may* examine her.（根源的）
（ジョンは彼女を診察してよい．）
≠ She *may* be examined by John.
（彼女はジョンの診察を受けてよい．）
b. John *may* have visited Mary.（認識的）
（ジョンはメアリーを訪問したかもしれない．）
= Mary *may* have been visited by John.
（メアリーはジョンの訪問を受けたかもしれない．）

(iv) 根源的用法の法助動詞は疑問文に生じることができるが，認識的用法の場合は，通常，疑問文に生じない．

(16) a. *Must* I come by eight o'clock?（根源的）
b. *Must it be true?（認識的）

(v) 根源的用法の法助動詞は if 節に生じることができるが，認識的用法では，通常，if 節に生じない．

(17) a. I would like to stay here if I *may*.（根源的）
（許されることならここに留まりたい．）
b. *If it *may* rain tomorrow, I'll stay home.（認識的）

このように，根源的法助動詞と認識的法助動詞の間には，意味的にも統語的にも違いがあり，法助動詞をこの二種類に分類する方法はこれまで多くの研究者によって支持されている．しかし，この分類方法にも問題点がある．一つは，遂行性をめぐる用法の違いを適正に捉えることができないという点である．根源的法助動詞には，上述のように主語が持つ「能力」(10b) や，主語の「意志」(10f)，「習慣」(10g)，「特性」(10h) を表す，いわば，**主語志向的**（subject-oriented）な用法に加えて，話し手の権威や地位に基づいて相手に「許可」を与えたり，「義務」を課したりする**話者志向的**（speaker-oriented）な用法がある．例えば，次の may や must は，主語について叙述しているのではなく，話し手が主語に対して

許可を与えたり，義務を課していることを表している．

(18) a. You *may* come tomorrow.
　　 b. You *must* keep everything to yourself.

つまり，(18a) と (18b) は，それぞれ，次のような文と同じような意味効果を持つ．

(19) a. I permit you to come tomorrow.
　　 b. I oblige you to keep everything to yourself.

(19a) と (19b) は，単に事実を述べているのではなく，これらの文を発話することによって話し手が聞き手にある種の働きかけを行っていることに注目されたい．(19) の文と同じような働きかけを行う (18) の法助動詞の用法を**遂行的** (performative) と呼ぶ．

　一般に，**遂行文** (performative sentence，または performative) とは，文を発話すること自体が一つの行為を行うことになるような種類の文である．例えば，話し手は次の文を発することにより，(20a) であれば〈命名〉という行為を，(20b) であれば〈賭け〉という行為を遂行する（〈　〉は遂行性を含む行為の意味効果を表し，表現の意味を表す「　」と区別する）．

(20) a. I name the ship the *Queen Elizabeth*.
　　 b. I bet you ten dollars that he will win.

遂行文の特徴として，一人称主語，現在時制，文の表す意味が真偽の対象にならないことが挙げられる．

　これらを念頭に置きながらもう一度 (18a)，(18b) を見ると，話し手はこれらの文を発することにより，自らの権限において〈許可〉や〈要請〉という行為をそれぞれ遂行することになる．ちなみに，同じように「許可」を表しても，can は，通常，遂行的な意味を表さず，同様に，「義務」を表す have to にも遂行的な用法はないといってよい．

(21) a. You *can* smoke here, as far as I know.　　　　　(Antinucci and Parisi 1971)
　　 b. You *have to* keep everything to yourself.

(21a)，(21b) は，それぞれ，「許可」や「義務」が存在することを聞き手に報告しているだけで，聞き手に許可を与えたり，義務を課したりする働きはない．

　法助動詞が表す法性を，根源的法性と認識的法性に分類する方法では，遂行性に関するこのような違いを説明することができない．

二つ目の問題点として，過去時を示す過去形法助動詞の扱いが挙げられる．主な法助動詞の過去形には，might, could, would, should の四種類がある．このうち過去時を示す用法を持つものは could と would である．しかし，その場合でも使い方に制限があり，could については一般的な「能力」や「許可」，「可能性」を表す場合に用いられ，would については「意志」や「習慣」を表す場合に限られる．

(22) a. When he was young, he *could* run very fast.「能力」
　　 b. In those days I *could* use his car whenever I wanted to.「許可」
　　 c. He *could* be very unpleasant at times.「可能性」
　　 d. He *wouldn't* lend me any money.「意志」
　　 e. She *would* sit there for hours doing nothing.「習慣」

should にはこうした過去時を示す用法はなく，might の場合は書き言葉で時たま見られるが，今ではほとんど用いられないといってよい．また，認識的用法では過去形は過去時を示さず，また，遂行的意味を表す根源的用法も過去形は過去時を示さない．

(23) a *It might be true.（それは真実であったかもしれない．）
　　 b. *You might go at once.（君はすぐ行ってもよかった．）

このように，法助動詞の現在形と過去形の間には，動詞に見られるような整然とした意味の平行性（例えば go（行く）-went（行った））は存在しない．したがって，認識的法性と根源的法性に分類する方法では，こうした過去時用法をめぐる違いを適正に説明することができない．

このような二分法に代わって，法助動詞が表す法性を認識的法性，**義務的法性**（deontic modality），**動的法性**（dynamic modality）の三つに分類する方法がある．認識的法性は先に述べた内容と同じである．義務的法性は「許可」や「義務」といった概念を表す．動的法性は主語の「能力」や「意志」，「習慣」や「特性」，話者の主観的判断を含まない「可能性」や「必然性」を表す．この分析に従えば，上で見たような遂行性を帯びた may や must は義務的法性を示すことになる．また，「能力」の意を表す can や，「意志」「習慣」「特性」の will は動的法性を表す．

例文（10d）と（11a）が示すように，共に「可能性」を表すといっても，may と can では扱いが異なる．ここで，両者の違いを確認しておきたい．一般的に，may は現実的可能性（factual possibility）を表し，can は理論的可能性（theoretical possibility) を表すとされる.

(24) a. The road *may* be blocked.
　　 b. The road *can* be blocked. 　　　　　　　　　　　　　　(Leech 2004)

(24a) は，道路が閉鎖されている可能性が現実に存在することを意味するのに対し，(24b) は，道路の閉鎖の可能性が理論上ありうることを意味する．両者には，また，次のような違いがある.

(ⅰ) may は疑問文で用いることができないが，can は用いることができる．

(25) *Can* (*May) it be true?

(ⅱ) may は if 節に生じることができないが，can は生じうる．

(26) If it *can* (*may) be true, I'll oppose him.

(ⅲ) may に否定辞が付くと動詞句の意味が否定されるのに対し，can の場合は法助動詞の意味が否定される．

(27) a. He *may not* be ill. = It is possible that he is not ill.［動詞句否定］
　　 b. He *cannot* be ill. = It is not possible that he is ill.［法助動詞否定］

(ⅳ) may は後に完了形が続くのに対し，can は，通例，完了形が続かない．

(28) It *may* (*can) *have been* true.

(ⅴ) may は肯定形と否定形を同時に並べることができるが，can の場合はできない．

(29) a. You *may* or *may not* be right.
　　 b. *You can or *cannot* be right.

すでに見たように，疑問文や if 節に生じることができないこと，否定辞が付くと動詞句の意味が否定されること，後に完了形が続くこと等は認識的法助動詞が持つ特性である．「可能性」を表す can がこのような特性を持たないということは，それが認識的法助動詞でないことを示している．このことから，can の表す「可能性」は，二分法では「根源的可能性」として分類され，三分法では「動的可能性」として扱われる．

章の冒頭で述べたように，法性は文が表す基本的な意味，つまり命題についての話し手の心の態度を表すものである．法助動詞の認識的用法は命題の**真理値** (truth value) に対する話し手のいわば「査定」を表しており，また，義務的用法は命題に対する話し手の捉え方を表している．この点で，これら二つの用法は法

助動詞という名にふさわしい機能を担っているといえる．一方，動的用法は主語について叙述したり，命題の事実性についての客観的な評価を表すものであり，そこには話し手の主観的判断や想いは含まれない．この点に関する限り，この用法は他の二つの用法と比べて明らかに違いがある．

　法助動詞を認識的，義務的，動的に分類する方法は，法助動詞分析の標準的なモデルと言ってよいが，この方法に基づけば法助動詞の意味と用法がすべてうまく説明できるかというとそうではない．すでに見たように，義務的法助動詞の特徴として遂行性が挙げられるが，may や must の用法の中には，次例のように，「遂行的」とは認め難いものがある．

(30) a. If the verdict is unacceptable, the defendant *may* appeal.
　　 b. The dreadful problems of the country *must* be solved.

　また，動的法性としての can が表す「能力」と「可能性」の違いは，事態の発生を可能にするものが主語に備わった力であるか，それとも周囲の状況であるかの違いから生じるとされるが，時に，それらを区別することが困難な場合があり，「能力」と「可能性」との間にはっきりと線が引けるわけではない．同様に，can が表す「許可」と「可能性」の区別も難しい場合がある．意味を一つに特定することの困難さは自然言語の特徴であるが，法助動詞にもこの性質が見られる．

4.1.4　主観的法性と客観的法性

　法性には，**主観的法性** (subjective modality) と**客観的法性** (objective modality) がある．主観的法性は話し手の主観性が色濃く反映されたものであり，客観的法性は話し手の主観性を含まない法性である．話し手の主観性とは判断や態度のことであり，したがって，主観的法性は話し手の関与を含む．例えば，次の文を見てみよう．

(31) a. She *may* be late this evening.
　　 b. You *must* be hungry after all that walking.　　　　　　　　(*OALD*)

(31a) の may は，「ひょっとしたら彼女は今夜遅れるかもしれない」との話し手の推量を表しており，(32b) の must は，「あなたはきっと腹が減っているにちがいない」との話し手の確信を表している．つまり，いずれの法助動詞も話し手の主観的判断を示すものである．

　一方，次の (32a) は，「彼女が遅れる可能性のある」ことを主観を入れずに述べ

ている文であり，(32b) は，「相手が空腹である」ことを確かなこととして客観的に伝える文である．

(32) a. *It is possible that* she will be late this evening.
　　 b. *It is certain that* you are hungry after all that walking.

つまり，こうした文は，事態発生の可能性や，状況が真である確実性を客観的に叙述するものである．このことから，(31a)(31b) の may や must が表す法性は**主観的認識的法性**（subjective epistemic modality）と呼ばれ，一方，(32a)(32b) の it is possible (certain) that のような法表現は**客観的認識的法性**（objective epistemic modality）を表すとされる．

主観的認識的法性と客観的認識的法性の間には次のような違いがある．

（ⅰ）主観的認識的法性は疑問の対象にならないが，客観的認識的法性は疑問の対象になる．

(33) a. **May* he be late this evening?
　　 b. *Is it possible that* he will be late this evening?

（ⅱ）主観的認識的法性は否定の対象にならないが，客観的認識的法性は否定の対象になる．

(34) a. He *may not* be late this evening.［法助動詞否定の解釈はない］
　　 b. *It is not possible that* he will be late this evening.

（ⅲ）主観的認識的法性は if 節に生じることができないが，客観的認識的法性の場合は可能である．

(35) a. **If* he *may* be late, we won't start our meeting on time.
　　 b. *If it is possible that* he will be late, we won't start our meeting on time.

（ⅳ）主観的認識的法性は過去時における判断を表すことができないが，客観的認識的法性は過去時の判断を表すことができる．

(36) a. The dollar *might* be devalued.［「ドルが切り下げられるかも知れなかった．」という過去の可能性を表すことはない］
　　 b. *It was possible that* the dollar would be devalued.（ドルは切り下げられる可能性があった．）

（ⅰ）～（ⅲ）の言語事実は，話し手の主観的な判断が疑問や仮定の対象になるのは不合理であること，また，話し手の主観的な判断を話し手自らが否定することは理に合わないことを表している．主観的認識的法性のこのような性質は，最もよ

く主観性を表す法副詞表現を例にとれば明らかである．

(37) a. *Certainly will he get well?
b. *If it certainly rains tomorrow, I'll stay home.

また，主観的認識的法性はあくまでも発話時における話し手の判断を表すものであり，したがって，それは現在時に限られる．

一方，事態発生の客観的な可能性や確実性を問うたり，仮定したりすることは理に適う．同様に，客観的な可能性や確実性の存在を「ありえない」こととして否定することも十分理に適ったことである．また，過去における事態発生の可能性や確実性を，「起こりえた」あるいは「起こることが確実であった」として客観的に述べるのは不自然なことではない．

主観的/客観的の区別は義務的法性や動的法性についても当てはまる．主観性が最も色濃く反映されるのは遂行性を表す義務的法性表現である．すでに見たように，遂行的な may や must は，話し手の地位や権威に基づいて行われる「許可」や「要請」を表す．つまり，話し手が**義務の源**(deontic source)となる表現である．

(38) a. You *may* smoke in here. [＝I permit you to smoke in here.]
b. You *must* come and see me tomorrow. [＝I oblige you to come and see me tomorrow.]

しかし，must の実際の用法は複雑であり，遂行的でない使われ方も多く存在する．例えば，規則や規範といったものが義務の源となる場合がある．

(39) a. You *must* take your shoes off when you enter the temple.　　(Palmer 2001)
b. Schools *must* teach children the difference between right and wrong.
　　　　　　　　　　　　　　　　　　　　　　　　　　　(COBUILD)

遂行性を表さないこうした must の用法は，同じように遂行性を示さない have to の用法と似ているように思われるが，両者の間には主観性に関して違いがあるとされる．次の文を比較しよう．

(40) a. The garage *must* be cleaned up before we can use it.
b. The garage *has to* be cleaned up before we can use it.　　(Larkin 1976)

(40a)は，「車庫が汚くて使えないので掃除しなければならない」ということを，話し手自身も感じている場合に用いられる．一方，(40b)は，例えば，誰かに言われたことを話し手がそのまま報告するような場合に用いられる．つまり，must

の場合は，話し手が自分以外の義務の源から発せられる要請であっても，その行為の遂行を当然のこととして受けとめていることを含意する．一方, have to にはそのような含意はない.

　should や ought to も遂行性を表さない.

　(41) You *should/ought to* go and see her.

これらの法助動詞は，その基本的な意味として「妥当」を表すといってよい．すなわち，道徳や一般常識，社会通念，理性などに照らして「～するのが妥当である」との話し手の判断を表す．したがって，そこには話し手の主観性が含まれる.

　すでに見たように，can が表す「可能性」は周囲の状況から発生する客観的な「可能性」である．また, can の「許可」の意味も「周囲の状況が許す」といった意味の「許可」であり，特定の人によって与えられる「許可」でない.

　(42) You *can* smoke in here.

　こうしたことから, can は客観的な性格を強く有する法助動詞といえる.

4.1.5　法性と発話行為

　法助動詞が表す意味には，法助動詞本来の意味の他に，場面との相互作用によって生じる語用論的な意味が存在する．例えば，次の例をとってみよう.

　(43) a. *Will* you pass me the salt?
　　　 b. *May* I help you?

(43a) の will は〈依頼〉を表しており, (43b) の may は〈申し出〉を表している．しかし, will や may には，本来，このような意味はない．こうした法助動詞が表すこれらの意味は，場面との相互作用によってもたらされる意味効果である．同様に, can には〈申し出〉〈指示・命令〉〈依頼〉などを表す用法がある.

　(44) a. I *can* baby-sit for you this evening if you like.〈申し出〉
　　　 b. When you've finished the washing up you *can* clean the kitchen.〈指示〉
　　　 c. *Can* you put the children to bed?〈依頼〉　　　　　　（以上 Swan 2005）

これらもまた, can の本来的な意味というよりも，場面との相互作用によって生じる文脈的意味である.

　では，どのようにして法助動詞本来の意味からこうした意味効果が生じるのだろうか．この問題を考えるには，**発話行為** (speech act) を構成する行為の一つで

ある**発語内行為** (illocutionary act) と, **間接的発話行為** (indirect speech act) を理解する必要がある. 発話行為を構成する行為には, 当然のことながら, （文法的な）文を発するという行為, すなわち, **発語行為** (locutionary act) が含まれるが, 発語内行為とは発語行為を行うことにおいて（行いつつ）行われる（遂行される）別の行為である. 私たちは文を発すること（発語行為）によって, 同時に様々な行為を行う. 例えば, 事実を述べたり, 質問したり, 命令したり, 警告したり, 約束をしたりする. 何かを言いつつ遂行されるこうした行為が発語内行為であり, それぞれの発話は,〈陳述〉〈質問〉〈命令〉〈警告〉〈約束〉などの**発話の力** (illocutionary force) を持つ. 例えば, 次の文を発することにより, 話し手はそれぞれ〈主張〉〈予測〉〈お詫び〉という発語内行為を行っている.

(45) a. Cats are especially a great comfort for retired people.
b. It's going to snow before long.
c. I'm sorry about the delay.

ある発語内行為が他の発語内行為によって間接的に遂行されるとき, そのような発話行為は間接的発話行為と呼ばれる. 例えば, 次の文を発することによって, 話し手は〈叙述〉という発語内行為を行いながら, 同時に,〈要求〉という発語内行為を遂行している.

(46) I think you'd better leave at once.　　　　　　　　　(Quirk *et al.* 1985)

同様に, 次の文では, 話し手は〈質問〉という発語内行為を行いながら,〈要求〉〈勧め〉という発語内行為をそれぞれ遂行している.

(47) a. Could you please make less noise?
b. Do you want another cup?

この場合の〈要求〉や〈勧め〉という意味効果は, 間接的発話行為によって生じる発話の力である.

場面との相互作用によって生じる法助動詞の語用論的意味は, 間接的発話行為によってもたらされる意味効果であるといってよい. そのことを〈命令〉を表す will を例にとって見てみよう.

will には次のように〈命令〉を表す用法がある.

(48) a. You *will* forget this conversation immediately.　　　　(COBUILD)
b. You *will* wait here till I return.　　　　　　　　　(Close 1975)

will が表す〈命令〉は, それがもともと持っている意味というよりも, その本来

の意味の一つである「予測」(prediction) が，場面との相互作用によってもたらす意味効果と考えられる．つまり，話し手は〈予測〉(predicting) という発語内行為を行いながら，同時に，〈命令〉(ordering) という発語内行為を遂行する．

〈命令〉という発語内行為が成立するためには，いくつかの条件が満たされなければならない．一つには，話し手が聞き手に対して優位な立場にあること，二つには，聞き手にとって行為を実行することが可能であること，さらには，話し手自らも聞き手による行為の実行を望んでおり，相手にもそのことが理解できる状況でなければならない．このような条件の下で，聞き手による未来の行為を話し手が予測することによって，相手に対して間接的に〈命令〉を発することになる．

では，未来の事態を予測することが，なぜ〈命令〉を行うことになるのだろうか．それは，そこに話し手の意志が反映されるからである．未来は不確定要素を含むものであり，他人の意志で行われる行為を予測することは難しい．しかし，話し手が聞き手よりも優位な立場にあるときには，話し手の権威によって聞き手の行動を自分の予測どおりに行わせるように仕向けることができる．つまり，予測という形をとって，話し手は自分の意志を相手に伝えるのである．

4.2 時　　　制

4.2.1 時制とは

まず，時 (time) と時制 (tense) の区別を明確にしておこう．時は人類に共通する普遍的な概念である．それは発話時を中心とする時間領域を現在とし，それ以前を過去，それ以後を未来とする．一方，時制は，動詞の表す動作や状態が現在時（発話時）から時間的に離れているかどうかを示す**文法範疇** (grammatical category) である．時と時制のこの関係は，法性と法の関係に近い．すなわち，法性を表す文法範疇が法であるように，時を表す文法範疇が時制である．

時間関係は動詞の屈折によって示される．したがって，英語においては，時制は**現在時制** (present tense) と**過去時制** (past tense) の二種類しかない．未来時制というものを認める人もいるが，ここではその立場をとらない．というのは，時制はあくまでも動詞の語形変化によって示されるものであり，英語には動詞の形態による未来時の表現方法がないからである．通常，現在時制は現在時を表し，過去時制は過去時を示す．しかし，時には現在時制が過去時や未来時を表すこと

があったり，過去時制が現在時を示すこともあって，時と時制は必ずしも一致しない．

同じく時間に関係するものに，**相**（aspect）がある．相は動詞が表す動作や状態の様相を示す文法範疇である．すなわち，動作や状態が，始まったところなのか，その途中にあるのか，それとも完了したのか，といった状況の「ありよう」を示す．この点で時制とは性格が異なる．もちろん，時制と相は結びつく．過去進行形は過去時制と進行相が結びついたものであり，現在完了形は現在時制と完了相が組み合わさったものである．

4.2.2　現在時制の用法

現在時制は現在時，過去時，未来時のいずれの時にも言及することができる．それぞれの用法について，以下に概略を示す．

I. 現在時を示す用法

クヮークら（Quirk *et al.* 1985）は現在時を示す用法を次の三つに分類する．

1) **状態現在**（state present）

   発話時を時間軸として前後に幅広い時間領域を含む．「永遠の真理」を表す用法もこのカテゴリーに含まれる．

   (49) a. We *live* near Osaka.［現在の状態］
   　　 b. The earth *moves* around the sun.［永遠の真理］

2) **習慣的現在**（habitual present）

   現在の習慣的行為や主語の特性（習性）を表す．

   (50) a. He *drinks* heavily.［習慣的行為］
   　　 b. Water *boils* at 100℃.［特性］

3) **瞬時的現在**（instantaneous present）

   発話時に行為が生じていることを表す．

   (51) a. Black *passes* the ball to Fernandez ... Fernandez *shoots*!［スポーツの実況］ (Quirk *et al* 1985)
   　　 b. First I *take* a bowl and *break* two eggs into it. Next ...［料理の実演］ (Swan 2005)
   　　 c. Here *comes* the winner!［眼前の行動］
   　　 d. I *apologize* for my remarks.［遂行動詞］

II. 過去時を示す用法

1) **歴史的現在** (historic present)

   過去の出来事を，あたかも目の前で起こっているかのように描写する方法

   (52) Just as we arrived, up *comes* Ben and *slaps* me on the back as if we're lifelong friends. (Quirk *et al.* 1985)

2) 伝達・伝聞等を表す動詞とともに

   (53) The ten o'clock news *says* that there's going to be a bad storm. (*Ibid.*)

III. 未来時を示す用法

1) 変更の可能性がない未来の出来事を表す．

   (54) The baseball game *starts* at 6:00.

2) 時や条件を表す副詞節の中で

   (55) If it *rains* tomorrow, the excursion will be postponed.

4.2.3 過去時制の用法

過去時制の主な用法として，次の三つが挙げられる．

1) 過去の状態，過去の行為や出来事，過去の習慣を表す．

   (56) a. They *were* too tired to get to the top of the mountain.［過去の状態］
   b. I *bought* this T-shirt last week.［過去の行為］
   c. When I was at school, I *got up* every day at six o'clock.［過去の習慣］

2) 時制の一致の結果として

   (57) She said she *was* a medical student.

3) 仮定法において

   (58) If I *were* you, I wouldn't marry him.

4.2.4 未来時の表現

英語には未来時制はないが，その代わりに未来時を表す表現形式がいくつか存在する．その主なものを挙げる（例文はいずれも Quirk *et al.* (1985))．

1) will, shall

will は未来表現の中で最もよく用いられる．純粋な未来時（無意志未来）を表す用法に加えて，本来，法助動詞であることから，話し手の「予測」や「意

志」を含む未来時を表す．shall は主にイギリス英語で用いられ，一人称主語で使われる．

(59) a. He *will* be here in half an hour.
b. No doubt I *shall* see you next week.

2) be going to

will と同様，「意志未来」「無意志未来」の両方を表すが，「意志未来」の場合は，will が主に発話時の判断に基づく意志を表すのに対し，be going to は予めなされた決定に基づく意志を表す．「無意志未来」を表す場合は「近接未来」を表す．

(60) When *are* you *going to* get married?

3) 現在形

カレンダー，時刻表，スケジュールなどのように，すでに決まっていて変更の余地がない未来の出来事を表す．

(61) The plane *takes* off at 20:30 tonight.

4) 現在進行形

現在における取り決め (arrangement)，計画 (plan)，予定 (program) から生じる未来の出来事を表す．

(62) The match *is starting* at 2.30 tomorrow.

5) 未来進行形

意図や意志とは関係なく，「当然そうなる」という未来の行為や状態を表す．例えば，機長が乗客に次の文を発した場合，「3万フィートは標準高度であり，私たちはその高度で飛ぶことになる」の意味を含む．

(63) We'll *be flying* at 30,000 feet.

4.2.5 直示時制と非直示時制

先に述べたように，時制は動詞が表す動作や状態が話し手から見て近い時間領域にあるのか，それとも遠い時間領域にあるのかを動詞の屈折によって示すものである．時制が話し手の発話時によって決まることから，それは直示的な性格を持つ．**直示(性)** (deixis) とは，発話場面との関連においてのみその指示内容が決まるような言語表現の特質をいう．例えば，I や you，he などの人称代名詞や，

this, that などの指示詞，here や there といった場所を表す副詞，now, today, yesterday などの時を表す語は，発話者がどの場所で，いつ，誰に向かって発話しているかによってその指示内容が決まる．このような語を**直示語**（deictic word）という．

時間の基準となる**軸**（axis）をどこにとるかによって，時の区分が異なる．発話時を基準軸とする時を**直示時**（deictic time）という．そして，直示時を表す時制を**直示時制**（deictic tense）と呼ぶ．単文においては，通常，動詞は直示時を表す．例えば，(64a) の場合，動詞の表す時は現在時であり，(64b) では過去時である．

(64) a. He *is* unwell.
　　b. He *was* unwell.

次に，従属節の動詞に現在時制と過去時制が使われている場合を見てみよう．

(65) a. John said he *is* unwell.
　　b. John said he *was* unwell.

(65a) では，主節と従属節の動詞はともに発話時を基準軸にした時，すなわち，直示時を表すのに対し，(65b) では，従属節の動詞が表す時は，主節の動詞が表す時（この場合は過去時）を基準軸にした時間区分（同時）を表す．このような時を**非直示時**（non-deictic time）と呼び，非直示時を表す時制を**非直示時制**（non-deictic tense）と呼ぶ．つまり，非直示時制は主節の動詞が表す直示時を基準軸とする時制である．

このように，直示時と非直示時は基準となる時間軸の違いから生じるが，両者には従属節の命題内容に対する話し手の態度に関しても違いがある．例えば，次の文を例にとってみよう．

(66) a. Tom said he *works* for an insurance company.
　　b. Tom said he *worked* for an insurance company.

(66a) では，従属節に直示時制が使われている．この場合は，「トムが保険会社で働いている」という命題を話し手が発話の時点で真と捉えていることを含意する．一方，(66b) では，従属節に非直示時制が用いられており，この場合には，従属節が表す命題に関して話し手の判断は含まれない．つまり，話し手は，発話の時点でそれが真であるとも偽であるとも伝えていない．

また，次の文において，「火曜日」がこれからやってくる日であれば，従属節に直示時制を用いることが可能であるが，すでに過ぎ去った日であれば非直示時制

が用いられる．

(67) a. Jill said the payment *is* on Tuesday.
　　 b. Jill said the payment *was* on Tuesday.

同様に，永遠の真理や歴史上の事実などを表す場合にも直示時制が用いられる．

(68) a. He said the earth *travels* around the sun.
　　 b. He told us that Columbus *discovered* America in 1492.

(68b) において，従属節に過去時制が用いられているのは，発話時を基準にした場合に，主語である「彼」の発言の時も，コロンブスがアメリカを発見した時も，同じ過去の時間領域に属すものとして捉えられることによる．

4.2.6 時制の一致

時制の一致（sequence of tenses）とは，主節の動詞の時制と従属節の動詞の時制とが呼応することをいう．主節の動詞が現在時制の場合は従属節の動詞はどのような時制でもよいが，過去時制の場合は，従属節の動詞もそれに合わせて過去時の方に移動する．

(69) a. I think she *is/has been/was/will be* happy.
　　 b. I thought she *was/had been/would be* happy.

つまり，従属節の動詞の現在時制が過去時制に，過去時制もしくは現在完了形が過去完了形に，未来形であれば過去未来形へと変わる．この時制の変化は**後方転移**（back-shifting または backshift）と呼ばれる．

時制の一致は間接話法において典型的に見られる．

(70) a. She said, "I don't like the party."
　　 b. She said she *did*n't like the party.
(71) a. He said, "I've moved to a bigger house."
　　 b. He said he *had moved* to a bigger house.

(70b) (71b) において，従属節の動詞の時制は主節の動詞が表す時を基準にして決められる．つまり，これらは非直示時制である．一方，従属節の動詞の時制が発話時を基準にして選択される場合，すなわち，直示時制の場合は時制の一致は生じない．

(72) a. He said, "The cost of living here is high."
　　 b. He said the cost of living here *is* high.

従属節の表す内容が，「一般的な真理」や「現在の習慣」「歴史上の事実」等の場合は，時制の一致が生じても生じなくてもよい．

(73) a. The teacher told us that war *solves/solved* no problems.
　　 b. Jun said he *goes/went* to Hawaii every year.
　　 c. He said W. Churchill *died/had died* in 1965.

前項で見たように，時制の一致が生じない場合，すなわち，従属節の動詞が直示時制の場合は,「従属節の表す命題が真である」との話し手の判断が含まれるのに対し，非直示時制が使われている場合は，そうした話し手の判断は含まれない．(73c)において過去完了形が用いられるのは，前項の説明と一見矛盾するように思われるが，主節の動詞が表す時間との前後関係を明確にする場合には過去完了形が用いられる．

時制の一致が必要な場合の一つに，think，dream，imagine などの動詞の補文がある．

(74) a. She thought that she *was/*is* a bit younger than Susan.
　　 b. He dreamed that he *was/*is* flying to the moon.
　　 c. Robbie imagined that he *was/*is* all alone on a deserted island.

これらの動詞は，**創世動詞**（world creating verb）と呼ばれ，想像の世界を作り上げるという意味特性を持つ．このような動詞の補文では，従属節の命題の真理値について話し手の判断が入り込むことができないため，非直示時制が用いられる．

4.2.7　グラウンディング

ここで，**認知文法**（cognitive grammar）における法性と時制の扱いを見ることにしよう．認知文法では，法性と時制は**グラウンディング**（grounding）と呼ばれる過程と密接に結びついている．グラウンディングとは，発話場面（これを**グラウンド**（ground）と呼ぶ）に言語表現を位置づける認知上の操作のことをいう．発話場面には発話の参加者（話し手と聞き手），発話が行われる時間や場所，そして発話参加者が持つ共通の認識などが含まれる．

グラウンディングは，**名詞類**（nominal）と**定形節**（finite clause）に生じる．まず，名詞類のグラウンディングを見てみよう．次のような名詞句を例にとってみる．

(75) the old shop on the street

shop という名詞は類（type）を表す．すなわち，商品やサービスを提供する，いわゆる「店」の総体を意味する．類は概念上の抽象的な構成物である．一方，個々の店はこの「類」の事例（instance）である［1.1.3項の「タイプ」と「トークン」についての説明を参照］．それは多様であり，shop と聞いただけではどの shop を指すのか特定できない．old shop と形容詞が付けば shop の種類が限定されるが，依然としてどの old shop を指すのか不明である．on the street という前置詞句が加わると shop の種別化がさらに進むが，それでもなお特定の shop を指しているわけではない．the が付け加えられて初めて指示対象が同定される．つまり，表現が発話場面に位置づけられることになる．この the のように，名詞表現を発話場面に位置づける要素を**グラウンディング要素**（grounding element）と呼び，冠詞（a (an), the）や指示詞（this, that, these, those），数量詞（all, most, some, no, every, each など），所有格（my, your, their, Linda's）などがこの機能を担う．

(76) *this/that/each/Linda's* new dress

グラウンディング要素としての不定冠詞は，通常，その名詞（句）が不特定なものであることを示す．

(77) You need *an* umbrella.

しかし，文脈によっては特定と不特定の両方を表すことがある．例えば，次のような場合である．

(78) She wants to marry *a* doctor.

ここでは，a doctor が特定の医者を指す場合と，医者という職業に就いている不特定な人を指す場合の，二つの読みが可能である［1.1.4項の不定名詞句の用法の説明を参照］．

認知文法においては，語は「物」（thing）を表すものと「関係」（relation）を表すものに分けられる．後者はさらに，時間的な経過を含むものと含まないものに下位区分される．物を表す語のカテゴリーが名詞である．一方，関係の中に時間性を含むものが動詞であり，含まないものが形容詞，副詞，前置詞などである．動詞が持つ時間的な関係は，**プロセス**（process）という言葉で表される．プロセスとは，時間軸に沿って状態が連続的に変化することをいう．move を例にとれば，この動詞は移動主体と移動先を関係づける．そして，「移動する」という行為は，移動主体と移動先との関係の連続的な変化として捉えられる．節は動詞を核

とし，動詞がプロセスを表すことから節もまたプロセスを表す．ここで言う節とは，一つの動詞を含む構造のことを指す．これらのことを念頭において節のグラウンディングを見ることにする．

次のような連鎖を例にとろう．

(79) He-know-the-truth

(79)は抽象的な概念を表しており，これだけでは意味が確定しない．つまり，現在のことについていっているのか，過去に生じたことを述べているのか，それとも，これから起こることなのか，あるいは現実を描いているのか，非現実のことなのか不明である．名詞表現になぞらえるならば，(79)はいわば「類」を表しており，この「類」に含まれる事例には様々なものが考えられる．次は(79)の動詞に時制表示が付いた表現である．

(80) a. He knows the truth.
　　　b. He knew the truth.

(80a)の動詞は現在時制であり，この時制によって節が表す事態が現在時に定められる．すなわち，節が同定され，認識可能な対象となる．同様に，(80b)では過去時制によって事態が過去時に位置づけられ，定形節が同定される．このように，動詞に時制が付与されることによって，抽象的な概念であったものが一つの具体的な事例となる．つまり，節の表すプロセスが発話場面に位置づけられることになる．このように，節のグラウンディングでは時制がグラウンディング要素として機能する．現在時制に時制表示がない場合は，**ゼロ形態素**(zero morpheme)が付与されているとみなされる．

(81) They know the truth.

次に，動名詞や不定詞，現在分詞を含む表現を見てみよう．

(82) a. She was angry at Lina *trying* to lie to her. (Swan 2005)
　　　b. It's important for the meeting *to start* at eight. (*ibid.*)
　　　c. There *being* no doctor in the village, we drove the wounded man to the nearest hospital. (Declerck 1991)

これらは**非定形節**(non-finite clause)と呼ばれるものであるが，定形節との違いは時制を持たないことである．そのためグラウンディングが行われず，これだけでは適格な文となりえない．

(83) a. *Lina trying to lie to her.

b. *The meeting to start at eight.

　　c. *There being no doctor in the village.

　節のグラウンディングでは，法助動詞もまたグラウンディング要素として機能する．次の文では，いずれも法助動詞がグラウンディング要素となっている．

(84)　a. He *may* know the truth.

　　b. He *must* know the truth.

　　c. He *will* know the truth.

　　d. He *cannot* know the truth.

つまり，節が法助動詞を含んでいればそれがグラウンディング要素となり，法助動詞が存在しなければ時制がグラウンディング要素となる．

　また，進行形（be＋-ing）や完了形（have＋-ed），受動態（be＋-ed）を含む文では，have と be がグラウンディング要素となる．(85d) のように，それらが組み合わされば最初の助動詞がグラウンディング要素の役割を担う．

(85)　a. Standard of living *is rising*.

　　b. I *have* just *finished* my work.

　　c. This toy *is made* in China.

　　d. A strange object *has been seen* in the night sky.

　このように，節のグラウンディングでは時制と法助動詞がそれぞれグラウンディング要素となるが，両者には意味的な機能に関して違いがある．すなわち，時制は節が表すプロセスを現実（real）の世界に位置づけるのに対し，法助動詞はプロセスを非現実（unreal）の世界に位置づける．現実の世界とは，話し手が認識する範囲で事態が成立している世界のことであり，非現実世界とはそれ以外の世界を指す．それは，未だ実現していない事態や，現実から離れた想像や仮定などを含む［1.1.2 項の「可能世界」の説明を参照］．

Q より深く勉強したい人のために

- 中野弘三（1993）『英語法助動詞の意味論』英潮社．
　法助動詞が異なる法性を表すしくみを文の意味構造分析に基づいて原理的に解明した本格的な専門書．法助動詞の意味変化についての通時的な考察も含まれている．
- 澤田治美（2006）『モダリティ』開拓社．
　英語法助動詞と日本語の法表現を比較しながら法性と法助動詞についての広汎で詳細な考察がなされている．そのうえで法性に関する著者独自の分類方法が示されてい

る．

- Palmer, Frank (1990) *Modality and the English Modals*, Second Edition, Longman.
  法助動詞が表す法性を認識的，義務的，動的の三種類に分類する分析方法が提示されている．英語で書かれた法助動詞に関する専門書として最も標準的なものの一つ．
- Leech, Geoffrey (2004) *Meaning and the English Verb*, Third Edition, Longman.
  英語動詞の時制や相について基本的な知識を得るための格好の書．法助動詞の意味と用法を理解するうえでも有益である．
- ジョン・テイラー，瀬戸賢一 (2008)『認知文法のエッセンス』大修館書店．
  認知文法の基本的な概念・方法を解説した書．グラウンディングについてもわかりやすい説明がなされている．

演習問題

1. 法助動詞の意味と用法の複雑さは何に起因するのだろうか．考えられる理由を挙げなさい．
2. あなたはお父さんの病気について医者から次の二通りの言い方をされたとする．どちらの言い方の方が深刻だと受け止めるか．その理由は何か説明しなさい．
   a. Your father's illness can be fatal.
   b. Your father's illness may be fatal.
3. 次例のように，仮定法過去では過去時制が用いられる．この理由を考えてみよう．
   a. If you *lived* closer, you'd be able to come to see me more often.
   b. I wish I *had* more free time.

文　献

荒木一雄，小野経男，中野弘三 (1977)『助動詞（現代の英文法第9巻）』研究社．
安藤貞雄 (2005)『現代英文法講義』開拓社．
澤田治美 (2006)『モダリティ』開拓社．
ジョン・テイラー，瀬戸賢一 (2008)『認知文法のエッセンス』大修館書店．
中野弘三 (1993)『英語法助動詞の意味論』英潮社．
Antinucci, Francesco and Domenico Parisi (1971) "On English Modal Verbs", *CLS* **7**: 28-39.
Close, Reginald (1975) *A Reference Grammar for Students of English*, London: Longman.
Declerck, Renaat (1991) *A Comprehensive Descriptive Grammar of English*, Tokyo: Kaitakusha.
Evans, Vyvyan and Melanie Green (2006) *Cognitive Linguistics: An Introduction*, Edinburgh: Edinburgh University Press.
Huddleston, Rodney (1969) "Some Observations on Tense and Deixis in English," *Language* **45**: 777-806.

Langacker, Ronald (1991) *Foundations of Cognitive Grammar*, Volume Two, *Descriptive Application*, Stanford, California: Stanford University Press.
Langacker, Ronald (2008) *Cognitive Grammar: A Basic Introduction*, Oxford: Oxford University Press.
Larkin, Don (1976) "Some Notes on English Modals," in McCawley, James (ed.) *Syntax and Semantics* 7, New York: Academic Press, 387-398.
Leech, Geoffrey (2004) *Meaning and the English Verb*, Third Edition, London: Longman.
Palmer, Frank (1990) *Modality and the English Modals*, Second Edition, London: Longman.
Palmer, Frank (2001) *Mood and Modality*, Cambridge: Cambridge University Press.
Palmer, Frank (2003) "Modality in English: Theoretical, Descriptive and Typological Issues," in Facchinetti, Roberta, Manfred Krug and Frank Palmer (eds.) *Modality in Contemporary English*, Berlin: Mouton de Gruyter, 1-17.
Quirk, Randolph, Sidney Greenbaum, Geoffrey Leech and Jan Svartvik (1985) *A Comprehensive Grammar of the English Language*, London: Longman.
Swan, Michael (2005) *Practical English Usage*, Third Edition, Oxford: Oxford University Press.

利用辞書

COBUILD = *Collins COBUILD English Dictionary for Advanced Learners*, 1987.
OALD = *Oxford Advanced Learner's Dictionary of Current English*, Sixth Edition 2000.

第5章 意味変化

前田　満

5.1　意味変化は日常的

　いかに言語学に興味のない人であっても，語や表現の意味の変化に気づかずにはいられない．例えば,最近の若者が言う「ふ̇つ̇うに危ない」,「あの人やばい（＝すてき）」などを見れば，意味変化がいかにありきたりな現象かがわかる．また，英語のスラングでも，

　(1)　I need to get some *bread* to live on.

というときの bread はパンではなく〈お金〉を意味する．とかく口語・俗語では意味の変化が活発である．これに比べると，文法の変化はかなりまれで，おそらく一生のうちでそれと気づくものはわずかだろう．音の変化は，日本語の「ら抜きことば」のように，もう少し気づかれやすいが，それでも意味変化の豊富さに比べれば目立たない．では，なぜ**意味変化**（semantic change）はこれほど頻繁に起こるのだろうか．その答えは，おそらく意味変化が**ディスコース**（discourse）[1]における日常的営みから直接生ずるものだからである．

　日常の営みの中で，私たちはあるときは無意識のうちに，あるときは意図的に語や表現の使い方にひ̇ね̇りを加えている．人にあだ名をつけるとき，文字どおりの表現が見つからないとき,既存の語や表現の通常の用法から少しだけ逸脱して，間に合わせの表現を作りだす．意味変化はまさに，このような日常的な行動から生まれるのである．例えば，冒頭の「ふ̇つ̇うに危ない」の「ふつう」は，明らかにその規範的用法から「ずれ」ている．この用法がどのようにして生まれたか定かでないが，少なくとも「ふつう」の用法が拡張されたことは間違いない．本章では，語や表現の意味が日々のディスコースにおいて変化する諸相とそのメカニズムについて考えてみたい．

---

[1]　会話や会談など，人同士が意思伝達を行うための言語使用の総称.

本章の構成は次のとおり．5.2 節では，意味変化の要因について主に語や表現の用法拡張，そして社会や物質文化の変化という観点から考える．次に 5.3 節でいくつかの意味変化のパターンを紹介し，意味変化を予測可能な変化と予測不可能な変化に分類する．5.4 節は，意味変化のメカニズムについて考える．続いて 5.5 節と 5.6 節では，それぞれ，意味変化と多義性の関わり，そして意味変化におけるメタファーとメトニミーの役割について述べる．5.7 節は本章の簡単なまとめである．

5.2 意味変化の要因

まず初めに，意味変化が起こる要因について考えてみよう．古くはブレアル (Bréal, M.)，ステルン (Stern, G.) やウォルドロン (Waldron, R.) などが，近年ではトラウゴット (Traugott, E.) などが指摘するように，意味変化は**言語内的** (language-internal) というよりは，ディスコースにおけることばのやりとり，そして社会の変化といった**言語外的** (language-external) な要因によって起こるものと考えられてきた．しかし，もちろん意味変化には，言語記号の性質などの言語体系的な要因も関わっている．

5.2.1 用法拡張

まず，意味変化の最も重要な推力は，いうまでもなく**用法拡張** (usage extension) である．意味変化における用法拡張の重要性は，専門の言語学者でなくとも理解できるだろう．用法拡張には，意図的なものとそうでないものが考えられるが，どちらが重要かについては諸説あり，合意が得られていない．前者については，ブラッドリー (Bradley, H.) が次の引用で的確に述べているので，多言を要しない (Bradley 1904: 160-161)．

> 語の意味が徐々に変化していくことは，人間言語に普遍的な特徴の一つである．その理由を知るのは困難ではない．どんなに豊富な語彙であっても，無限に多種多様な思考をすべて表現し得ないことは理の当然である．我々は日常絶えずあることを表現する必要に迫られているが，その際一時的にふつうの意味からずれた意味で単語を使うことによって何とかその場を切り抜けている．(中略) こうして生じた新しい意味は，一時的な必要を満たすにとどまるのが大部分である．しかし，新しい用

法が一般の人々の要求にたまたま応えるような場合には，その言語の恒久的財産の一部となり，次にはこれがもとになって，前と同じ過程を繰り返し，本来の意味からますますかけ離れた別の意味が生ずることになる．　　　(寺澤芳雄訳, p. 174-175)

意味変化の多くの事例は，この引用にあるように，語または表現を新規の**コンテクスト**（context；単に文脈だけでなく，言語表現が発せられる場面の情報，さらには社会的・文化的背景を含む用語）で用いることに起因する．なお「表現する必要」には，新規の経験を表現する，新しい表現スタイルを創造する，ジョークをいう，といった様々なコミュニケーション上の目的が含まれる．

このような用法拡張は，人間の言語活動全般にわたって見られるが，特に俗語で活発である（Brucker 1988［内海利訳, p. 115］）．冒頭でふれた「ふつうにおいしい」「あの人やばい」や，「微妙に暑い」といった最近の若者の言い回しは，既存の表現を新たなコンテクストに当てはめた創造的な用法拡張の例である．よく指摘されるように，俗語はメタファー表現で溢れているが，これもすべて用法拡張の結果である．もちろんこのような語や表現の刷新的な用法の多くは，定着する前に廃れてしまう．じっさい筆者が若かった頃に使われた「とっぽい（＝すてきだ）」「ナウい（＝斬新だ）」といった表現を，現在口にする人はいない．しかし数え切れない用法拡張のうち必ずいくつかは社会に一般化し，最終的には言語の語彙として定着する．本章で紹介する意味変化の多くは，このように「用法拡張→定着」というプロセスをへて生じたものである．

さて，明らかに意図的だと思われる用法拡張とならんで，ディスコースの当事者が意図しないうちに行う「用法拡張」もありうる．つまり，これは聞き手の側で話し手の意図を誤解し，話し手が伝達を意図しない意味まで読みとってしまうケースである．このようなことが起こるのは，ひとつには，言語記号における意味と形式の結びつきが**恣意的**（arbitrary）であることによる（Saussure 1983［1916］）．意味と形式の結びつきが恣意的であるとは，両者の関係に概念的な必然性がないことを意味する．意味と形式の結びつきが恣意的であるために，「水」という概念を，英語では water，ラテン語では aqua，日本語では /mizu/ と，全く無関係な音で表現しても問題が生じない．しかし恣意的なだけにどの意味とどの形式が結びつくかに制約がなく，人による多少のずれは気づかれないことが多い（Anttila 1972: 133）．クロフト（Croft, W.）は，この点に着目し，意味変化は意味と形式の結びつき方を誤解することから起こるとしている．この誤解による意味

のずれも用法拡張のひとつとされる (Croft 2000).

　さらに,「ふつうに」「やばい」などの用法拡張に比べて意識の度合いは低いが,忌避に伴う代用も意味変化の要因として見逃せない. 現代社会では,性に関する事柄や排泄への直接的言及を避けるのがエチケットだが,過去にはトーテム獣など神聖なものへの言及も**タブー** (taboo) とされた. タブーの対象とされる指示対象をもつ語の使用はふつう避けられ, 他の語や表現によって代用される. go to the bathroom (トイレに行く) もその一例である. これは日本語でトイレを「お手洗い」と呼ぶのと同じである. このような代用を**婉曲語法** (euphemism) という. しかし, go to the bathroom の bathroom がトイレを指すことは, ふつうコンテクストから明らかなので, 婉曲語法があまり頻繁に使われると間接的な**指示対象** (referent) がその語の文字どおりの意味と再解釈されることがある. bathroom (浴室) が〈トイレ〉を意味するようになったのはこのためである. ちなみにロシア語で「熊」を medvezhii というが, もともとは〈蜜を食べるもの〉の意味だった. 熊がこのように呼ばれたのは, 古代スラブ社会ではその動物の名を口にすることがタブーとされたからである (Stevenson 1983).

5.2.2　社会の変化と意味変化

　現実社会の様々な事物を指すのは, 語の意味の重要な働きのひとつである. それだけに, 社会や物質文化が時代とともに変化するにつれて, 必然的に語の意味も変化せざるをえない. このように起こる意味変化は, しばしば**物質の変化** (thing change), また**指示対象の変化** (referent change) などと呼ばれる (Anttila 1972: 137). しかし, この種の意味変化は話者の言語行動が関与しないだけに, 言語学者の関心をあまり引かない. 本書でもここでいくつかの例をあげるにとどめる. ただし**語源学** (etymology) やヒューグズ (Hughes, G.) の研究はこのタイプの意味変化を研究対象としている (Hughes 1988). また最近では, 文化変容の観点から意味変化について研究するヴィエルジュビツカ (Wierzbicka, A.) のアプローチも生まれている (Wierzbicka 2006).

　まず, 技術革新による意味変化の例を見てみよう. paper (紙) は OF papier の借入だが, 究極的には Lat. papyrus (パピルス) に由来する [OF = 古フランス語, Lat. = ラテン語]. パピルスとは紀元前から紀元後数世紀間使われた, 植物の茎の繊維から作られる古代の「紙」である. 製紙法が中国から伝わった後もその語が

そのまま使われたために指示対象が「パピルス」から「紙」へと変化し，後者が現在の paper の意味となった（Waldron 1967: 116）．もうひとつ有名な例に，pen の意味発達がある．pen はもともと〈羽〉を意味したが，これはかつての筆記道具がインクをつけて使う「羽ペン」だったことに由来する（Anttila 1972: 137）．ちなみに pencil も Lat. penicillus（画筆）に由来する（Waldron 1967: 116）．

また科学の進歩による意味変化の例がある．例えば，spirit（精神，生命）の語源は，Lat. spiritus（息，呼吸，息吹）である．見たところこれはメタファー的な拡張の例にも思われるが，ラテン語が実際に話された古典期の世界観では，精神を脳の働きではなく，息の働きだったとみなしていたので,「息」から「生命」という指示対象の変化は，ローマ時代以降の科学的世界観の変化によってもたらされたものである．

5.3 意味変化のパタン

本節では，ブレアル（Bréal 1900），ステルン（Stern 1931），ウルマン（Ullman 1957, 1962）といった過去の研究が指摘した主な意味変化のパタンを紹介する．それに加えて，最近のトラウゴットらによる主観化と相互主観化の研究にもふれる．

意味変化についてよくいわれるのは規則性のなさである．じっさい比較言語学者が発見したような**音変化**（sound change）の規則性は，意味変化には期待できない．しかしこの規則性の乏しさは必ずしも不名誉とは言えない．意味の伝達は疑いなく人間のコミュニケーションのもっとも根幹的な部分といえる．それだけに意味はディスコースの様々な要因に左右されやすい．言い方をかえれば，言語表現の意味は人間の社会行動に根をはり，また人間の社会的態度に強く依存し，それゆえに常に社会性を帯びざるをえないのである．これに対して，人間言語の**二重分節**（double articulation）[2]という性質からすると，言語音はあくまでも言語表現の素材でしかない．したがって，言語音には人間の社会というものが本格的に関わらない．この言語音の周辺性が，かえって変化の規則性をもたらすのである．

---

[2] 情報を伝達する文は意味を持つ単位（語・形態素）に分解でき，その単位はさらに意味を持たない単位（言語音・音素）に分解できる，という人間言語の特徴．

5.3 意味変化のパタン

トラウゴットら（Traugott and Dasher 2002）の著作は, *Regularity in Semantic Change*（『意味変化の規則性』）という，これまでの話からすると意外なタイトルを帯びている．「規則性」という語の定義にもよるだろうが，筆者の見解では，彼らが示そうとしているものは意味変化の「規則性」ではない．むしろ，「予測可能性」（predictability）というべきものだろう．そこで筆者は規則的／不規則的という区別はあえて用いず，以下では代わりに予測可能／予測不可能という分類を用いる．

5.3.1 予測不可能な意味変化

本項で扱う意味変化のパタンは，変化の道筋が個々の語や表現の使用状況に応じて異なるため，事前の予測が難しい．ところで，予測不可能な意味変化はさらに**連辞的**（syntagmatic）な関係[3]に関わるかどうかで，ふたつのタイプに下位分類される．連辞的関係に関与しないタイプを 5.3.1 項 a で，連辞的関係に基づく意味変化を 5.3.1 項 b で扱う．前者に属する意味変化のパタンには，**一般化**（generalization），**特殊化**（specialization），**語義堕落**（pejoration），そして**語義向上**（amelioration）がある．後者のタイプに属するものには，**連語**（collocation）に関連するものと表現の**縮約**（contraction）に関わるものがある．

a. 連辞的な関係に関与しないタイプ

本項では，一般化，特殊化，語義堕落そして語義向上を扱う．まず，一般化とは，語や表現の指示対象の範囲が拡張されることである．また，ディスコースの観点からすると，これは語や表現が使用できるコンテクストの増大を意味する．代表的な例としては，OE bridd（ひな鳥）から PE bird（(一般の) 鳥）への変化がある［OE＝古英語，PE＝現代英語］．この変化に伴って，もともと一般的な鳥を指した OE fugol（(一般の) 鳥）は特殊化されて PE fowl（家禽）となった．（岸に着く）から到着一般を指すようになった arrive（< Lat. adripare（到着する））の発達も，やはり文献でよく見かける例である．

これに対して，特殊化の例は一般化よりもずっと頻繁に見られる（Bréal 1900: 106; Waldron 1967: 152）．一般の「犬」を指した OE hund が PE hound（猟犬）へ，動物一般を指した OE deor が PE dear（鹿）へ，そして OE mate（食物）が PE

---

[3] 隣り合う要素同士の関係をいう．

meat（肉）へと特殊化された例などがすぐさま念頭に浮かぶ．meat に似た発達として，かつては〈おいしい食べ物，珍味〉を意味したギリシャ語の oposárion（魚）の例がある（Stevenson 1983）．

　以上のように，一般化と特殊化は対称的な方向性をもった変化である．しかも両者は，伝達する情報量の変化という観点からも対称的である．一般化では，使用されるコンテクストが拡張されるにつれて，語の意味の特殊性が失われる．これに対して，特殊化では，逆に使用されるコンテクストが限定されるにつれて，意味の特殊性が増大する方向へ進む．しかし，いずれの方向に進むにせよ，語や表現の指示対象の範囲の変化に関わっているという点では両者は共通している．

　一方，語義堕落と語義向上は，感情的評価または話者の態度に関わるものである．しかし，これらも一般化／特殊化のペアと同様に，きれいな対称的方向性を示すところが興味深い．まず，語義堕落とは，もともと社会においてポジティブに評価される指示対象を表した語が，しだいにネガティブな指示対象を指すようになることである．例えば，OE ceorl は，元来〈自由人〉を表すポジティブな意味の語だが，時をへるごとにネガティブな意味が強まり，PE churl にいたっては〈無作法な人〉となってしまった．また，女性語は男性語に比べて語義堕落を受けやすい（Romaine 1994: 105ff）．例えば，OE hūswīf（主婦）は PE hussy（自堕落な女）に，wench（売春婦）も，もともとは単に〈若い女性〉の意味だった．また，〈知的な〉を意味する語がネガティブな意味を発達させることもよくある．例としては，sapient〈知ったかぶりの＜賢い〉，cunning〈ずるい＜学識のある〉，artful〈ずるい＜賢い〉，sly〈狡猾な＜賢い〉，crafty〈ずる賢い＜巧妙な〉等がある．日本語の「小賢しい」がネガティブな意味をもつのも，この一般的な傾向にそった発達によるものとみてよい．

　語義堕落の顕著な例は，silly（愚かな）や egregious（悪名高い）のようなケースである．これらは「反義化」と呼んで差し支えないほど極端な意味変化の例である（Bradley 1904: 209-210）．例えば，PE の silly は代表的な侮蔑表現である．しかしこの語はもともと OE sǣlig（幸福な）に由来し，きわめてポジティブな意味を表した．14 世紀後半，チョーサー（Chaucer）の時代には，まだ silly はポジティブな意味を保持していた．実際，チョーサーは *Troilus and Criseyde*（『トロイルスとクリセイデ』）の中で，この語をある人物の死を讃えるために用いている．silly が今日のようなネガティブな意味をもった語として定着するのは，シェーク

スピア (Shakespeare) の時代 (16 ～ 17 世紀初頭) 以降のことで, しかも PE までにポジティブな意味は完全に失われてしまう.

　これに似た変化は, 他の言語にも見られる. 例えば, Fr. crétin (間抜け) (< chrétien (キリスト教徒)), Fr. benêt (ばかな) (< Lat. benedictus (祝福された)) は silly と同種の意味発達である [Fr. = フランス語]. ついでにいうと, 日本語の「おめでたい」も,「おめでたい日」のような連語ではポジティブな意味を保持する一方で,「おめでたい人」ではかなりネガティブな意味合いが強くなっている.

　これに対して, 語義堕落の逆である語義向上は, 比較的例が少ない (Ullmann 1962: 267; Steinmetz 2008: 157; Luján 2010: 295). 有名な例としては, knight (騎士) (< OE cniht (少年, 従者, 召使)), smart 〈賢い < (打撃などが) きつい〉, marshal (軍司令官) (< OHG marahscalh (馬丁)) などがある [OHG = 古高ドイツ語]. また, shrewd (賢明な) もチョーサーの時代には〈悪い〉を意味した. これはまさに先ほどの sapient の逆をいく変化である. しかし何といっても目立つのは, silly の逆の変化として有名な nice (すてきな) のケースである. nice の語源は Lat. nescius (無知の) (< ne (否定辞) + scīre (知る)) で, 英語にはフランス語を介して借入された. しかしフランス語の niais は現在も〈愚かな〉を意味するので, nice の語義向上は英語に借入されてからの発達であることがわかる.

　このように, 語義向上はしごく日常的な現象である. 英語の口語やスラングにもこの種の意味発達に関わるものが散見される. 有名な例では, terrific (すごい) は〈ぞっとする〉に由来する (PE でも a *terrific* spectacle (ぞっとする光景) の用法に名残を留める). 興味深いことに, これは日本語の「すごい」が〈ぞっとするように恐ろしい〉に由来するのに似ている. また, bad が (2) のように, スラングでは〈いかしてる〉を意味するのも語義向上と関係がありそうに思われる.

(2) Look at those really *bad* shoes on that guy. (あいつの履いているほんとにすてきな靴を見てみろ.)

また, もともとはタブー語である fucking (いまいましい) も, 近年では (3) のように, かなりポジティブな意味で使われる.

(3) He is a *fucking* good player. (あいつはすごくいい選手だ.)

b. 連辞的な関係に基づくタイプ

　本項では, 複数の要素の連辞的な関係に基づいて起こると思われる意味変化の

パタンについて見る．これには，ブレアル（Bréal 1900）やウルマン（Ullmann 1962）などが**感染**（contagion）と呼ぶものと，筆者が**縮約的感染**（contractive contagion）と呼ぶものがある．後者の例は前者の例よりも圧倒的に多い．ちなみにステルン（Stern 1931: 237）は，このタイプの意味変化の例はわずかだと述べているが，少なくとも後者の例はそれほどまれではない．

　意味の「感染」とは，基本的にある語の意味が他の語に転送されるプロセスである．しかしこのような**意味の転送**（meaning transfer）が生ずるためには，複数の語のコロケーションが頻繁に使われ，イディオムに似た連辞的関係が生まれていなければならない．ウルマン（Ullmann 1962）はこのタイプの変化について次のように述べている．

> ある語結合が習慣的に行われると，そこに含まれている語の意味が永続的に変化してしまうということがある．この過程は，（中略）ある語が他のある語と多くのコンテクストで一緒に用いられるために，一方の意味が他方に転移させられるのである．
> 　　　　　　　　　　　　　　　　　　　　（池上嘉彦訳，p. 226，傍点は筆者．）

感染の具体例としてよく引き合いに出されるのが，フランス語の複合否定辞 ne＋pas の発達である．現代フランス語（口語）で，(4) のように pas が単独で否定を表すところから，ne＋pas の pas も否定辞とみなされる．

　(4) Je sais *pas*. （私は知らない．）

しかし pas は本来〈一歩〉の意味で，語源的には否定の意味はない．この発達は，pas がもともとは (5) のような移動を表す文において，否定を強調するために ne とコロケートされたのが始まりだといわれる（(5) では便宜上，英語を用いている）．

　(5) I can't walk *another step*. （もう一歩も進めない．）

この表現手法が社会に定着し慣習化されるにつれ，ne と pas の間にイディオム的な関係が生じ，おそらくこの段階で意味の転送が起こったのだろう．

　やや異なるタイプの感染が，(6) に示した only に近い but の用法にも見られる．
　(6) He is *but* a child. （彼はほんの子どもだ．）

この but の用法は，OE 期のイディオム ne＋butan（否定辞＋他に）（＞〈～の他にない〉＞〈～だけ〉）に由来する．この but の用法は，このイディオムから否定辞（ne）の省略と butan の but への音声的縮約によって生じた（Stern 1931: 264-265）．

ne + pas では，否定辞 ne の意味が pas の本来の意味〈一歩〉と完全に置き換えられたのに対して，この but の発達では，butan の意味はそのまま保持され，そのうえに ne の意味が重畳されている．この例に関して興味深いのは，否定辞 ne は音声的に消えてしまったのに，意味だけがなおも亡霊のように残っている点である．つまり，この but の用法では，省略された要素の意味が重畳されているぶん，but の他の用法に比べて意味が複雑になっている．

さて，(6) の but の発達のように，語または句の一部が省略され，その意味が残りの部分に凝縮保持される現象を，筆者は意味の「縮約的感染」と呼ぶ．もっともこのような**省略**（ellipsis）と関連した意味の変化については，すでにブレアル，ステルン，ウルマン，そしてウォルドロンなども論じている．例えば，ウォルドロン（Waldron 1967: 121）は，

> ある慣用的性格を持つ一つの語句であったものが一つの単語になってしまい，しかも元の意味は失わない
>
> （築島謙三訳，p. 134）

現象として紹介している．例としては，「形容詞＋名詞」または「名詞＋名詞」の形の，なかば複合語化した句の主要部名詞の省略に関わるものが多い．例えば，gold（金メダル）（＜gold medal），periodical（定期刊行物）（＜periodical paper），private（兵卒）（＜private soldier），uniform（制服）（＜uniform dress）などがある．なお，日本語の「ケータイ」も「携帯電話」の縮約形だが，「ケータイ」だけで〈携帯電話〉の意味を表している．最近では日常の会話で「携帯電話」と完全に言う人がめっきり減ったと思われるのは，筆者の単なる思いすごしだろうか．

5.3.2　予測可能な意味変化

以上の意味変化のパタンは，個々の語や表現がディスコースにおいてどのように使われるかという，どちらかというと偶然に左右される意味発達であった．これに対して，本項で紹介するのは，もっと一般性が高く，そのため予測が立てやすい意味変化のパタンである．トラウゴットら（Traugott and Dasher 2002）は，この点に着目して意味変化に「規則性」という概念の導入を試みたが，彼らの用いる regularity（規則性）ということばに筆者はやや違和感をおぼえる．手元にある *Collins Cobuild Advanced Learner's Dictionary*（5th ed.）で regularity の項を見ると，「規則性とは，同じことが同じ環境で常に生ずることを指す」とある．しかし意味変化は状況が同じなら必ず機械的に起こるというものではない．したがって，

regularity にどのような宣伝効果があるにせよ，筆者はこの語の使用が，意味変化という現象の本質について誤解を招く恐れがあると感じている．筆者が規則性の代わりに予測可能性ということばを用いるのはこのためである．

a. 主観性と主観化

本項では，トラウゴット（Traugott 1989）によって定式化され，その後，多くの研究によって実証されてきた，**主観化**（subjectification）とその**一方向性**（unidirectionality）について述べる．主観化の研究は，機能語（付属語）の発達を扱う文法化研究の中から生じたため，どちらかというと語よりも大きな単位に関わることが多い．主観化の研究は，この点で，語の意味変化を中心にすえたステルン，ウルマン，ウォルドロンなどの研究と一線を画する（秋元 2011: 93）．

さて，**主観性**（subjectivity）とは，フィネガン（Finegan, E.）によると，「自己表現およびディスコースにおける話者の態度もしくは観点に関わる」特性と定義される（Finegan 1995: 1）．例えば，法助動詞 may（〜かもしれない）は命題の真実性に対する判断を表し，話し手から見た可能性に言及するという点で主観的である．トラウゴットは，このような表現に加えて，silly のような語が表す侮蔑的（pejorative）な意味さえも主観性の射程に入れている（Traugott 2010）．結局のところ，主観性とはきわめて日常的でありふれた特性なのである．

一方，主観化とは，語や表現の表す主観性が増大していく通時的プロセスのことをいう．may が典型的な主観的表現であることはすでにみたが，歴史を通じてずっと主観的であったわけではない．*Oxford English Dictionary*（*OED*）や語源辞典をひもとくと，may はもともと〈力が強い〉という**客観的**（objective）な意味を表した．この意味からまず〈〜ができる〉という**能力**（ability）の意味が生じ，後の**認識的可能性**（epistemic possibility）〈〜かもしれない〉や**許可**（permission）〈〜してよい〉という主観的な意味につながった．これはほんの一例にすぎないが，PE に見られる主観的な表現は，語源が知られているかぎり，たいていは客観的表現に由来する．

主観化についてより具体的に見ていこう．主観化とは，「意味がしだいに命題に対する話者の主観的信念または態度に基づくものに変化する傾向」で，これは一方向的なプロセスである（Traugott 1989, 1995, 2003, 2010）．ようするに，客観的な意味から主観的な意味が生ずることはあるが，その逆の変化は見られないということである．しかし，トラウゴット自身も認めるように，これはあくまでも強

い傾向というべきもので，パーフェクトな予測力をもつ規則ではない．しかし，そもそもトラウゴットが主張するように，主観化がディスコースにおけるコミュニケーションに付随した現象だとすると，むしろ例外が生じないほうがおかしい．人間の行為は，規則としての定式化とは相いれないからである．

ともあれ，主観化の一方向的傾向は極めて強く，実際多くの意味変化が主観化の枠組みでとらえることができる．トラウゴットらは，主観化の代表例として be going to（〜しそうだ）をあげている（Traugott and Dasher 2002: 82-85; Traugott 1995: 34-36）．シェークスピアの時代には，be going to は，(7) のように，もっぱら物理的な移動を描写するのに使われた．

(7) I am going to visit the prisoner ...（私はその囚人を訪ねに行くところだ．）

(Measure for Measure, 3.1, 1623)

未来の解釈をもつ確実な例は 17 世紀後半に現れるが，この意味合いは，物理的な移動の意味に比べて抽象度が高く，主観的な意味と理解できる．しかし，19 世紀になると，be going to は話し手の推論に基づく，さらに強い主観性を表すようになる．このように，多くの主観化の事例では，時とともにしだいに主観性が強化されていくのが特徴である（Traugott 1989; Keans 2010: 128-129）．

また，トラウゴットは，be going to の他に，法助動詞や法副詞などの発達を挙げ（Traugott 1989），また let's（〜しよう），let alone（〜はもちろん），I think（〜じゃないかな），そして譲歩の while（〜とはいえ），rather than（〜よりはむしろ）といった様々な表現の発達を挙げている（Traugott 1995）．さらに，新たに語義堕落（例えば，OE sǣlig（幸福な）＞PE silly（愚かな））も主観化の一例とみなす可能性にふれている（Traugott 2010: 32）．これは侮蔑的な意味が事物に対する話者の主観的な評価に関わるからである．このように，主観化はともすると文法化との関わりで論じられやすいが，近年では文法化から語彙の変化まで広がりのある現象とみなされるようになってきている．

b. 相互主観性と相互主観化

トラウゴットら（Traugott and Dasher 2002）は，主観化に加えて新たに**相互主観性**（intersubjectivity）および**相互主観化**（intersubjectification）という概念を導入した．これらも**文法化**（grammaticalization）に関連して論じられることが多いが，これはもともと相互主観化が主観化の延長線上の現象だからやむをえない．ともあれ，この分野の研究は歴史が浅く，今後の展開が注目されるところである

(最近の研究の動向については，Davidse *et al.* (2010) を参照)．

さて，主観性が話者個人の命題態度に関わるのに対して，相互主観性はどちらかというと聞き手志向である．すなわち，相互主観性とは，聞き手に対する配慮に関連した意味特性で，典型的には**ポライトネス**（politeness）に関わる様々な表現に見られる．トラウゴットら（Traugott and Dasher 2002: 165-169）の挙げる相互主観化の例に，(8) に示す〈それどころか〉の意味の in fact の発達がある．

(8) It's very cold here—*in fact* it's freezing.（ここは実に寒い，いや全く凍てつく寒さだ．）
　　　　　　　　　　　　　　　　　　　　　　　　　　　　（『ランダムハウス英語辞典』）

もともと fact は〈行為，行動〉を指し，in fact のコロケーションでは，in law（法律上）などと対比をなして，およそ〈現実には〉といった意味を表したため，まず主観化によって actually（本当に）に近い認識的意味を帯びるようになった．先ほどふれた相互主観的な in fact（それどころか）の用法は，この認識的用法から「ディスコースそのものの適切さに対する話し手の態度」を表す**談話標識**（discourse marker）への発達として理解できる．同様の発達の例として，indeed（それどころか）や actually（正確には）などの発達があげられる（Traugott and Dasher 2002: Ch. 4）．

相互主観化は主観化の延長線上にある現象である．このためか，相互主観化の例は主観化の例に比べてまれである．in fact のような談話標識は，いずれも語彙的な用法から主観化をへて相互主観化されている．したがって，発達全体を俯瞰すると「語彙的＞主観的＞相互主観的」という一方向的なプロセスとなる（Traugott 2010: 35）．

ところで，トラウゴットら（Traugott and Dasher 2002）は，ことさら日本語の敬語の発達を重視するが，これには二つの理由がある．まずなによりも，敬語の体系は話し手と聞き手の間の社会的関係を言語構造上に明示的に表現することによって，聞き手に対する配慮を表す——ポライトネスに関わる——という点で，その働きがまさに相互主観性の特徴づけに合致するからである．二つ目の理由は，主観化と相互主観化に対する彼らの理論的立場と密接に関連がある．トラウゴットとダッシャーは，相互主観的な解釈が意味化によって表現に固定されてはじめて（相互）主観化が起こったと考える［意味化については5.4節参照］．この条件をクリアできる相互主観性の表現は世界の言語にもそれほど多くない．彼らによると，日本語の「〜です」のような丁寧語は，その比較的まれな例だという．

5.4 意味変化の基本メカニズム—意味化

　前節で意味変化の多様なパタンを見たところで，今度は意味変化の基本的なメカニズムについて見てみたい．本節のキーワードは**意味化**（semanticization）である．これはコンテクストにおける語または表現の解釈がその固有の意味として定着していくプロセスのことをいう．

　新たな意味がどのようにして生ずるかという問題は，20世紀末までほとんど注目を浴びなかった．この分野における新時代を切り開いたのは，グライス（Grice, P.）による**会話の含意**（conversational implicature）の研究である．グライスはこの研究で，会話の含意の**慣習化**（conventionalization）が意味変化の基盤である可能性を示唆した（Grice 1989: 39）．簡単にいうと，これはある語や表現を同じ目的で繰り返し使ううちに，それに付随する会話の含意や**推論**（inference）といったコンテクスト的意味が，慣習化によってその語の意味へと変化することを指す．

　さて，ブリントン（Brinton, L.）とトラウゴットは意味定着のプロセスを「意味化」と呼ぶが，これも会話の含意／推論の慣習化による定着を中心にすえているという点で，本質的には上述のグライスのモデルと大きく変わらない（Brinton and Traugott 2005: 21）．もっともトラウゴットはこのプロセスの認知的基盤にふれ，意味化が**メトニミー**（metonymy）に基づくものだと主張する（Traugott 1996, 2004, 2006, 2010; Traugott and Dasher 2002を参照）．これは会話の含意／推論といった表現の状況的解釈を，その表現固有の意味と再解釈するプロセスを指している．トラウゴットは主に主観的意味の意味化を問題にすることが多いが，実際にはもっと一般的なメカニズムである．例えば，hound（猟犬）（＜OE hund（（一般の）犬））のような特殊化（5.3.1項a.）の例は，一般的な意味をもつhundが（狩猟の場のような）特殊なコンテクストのもとで,特殊な犬（猟犬）との結びつきを強め，そこでの顕著な解釈（〈犬〉→〈猟犬〉）が慣習化し，意味化したものと理解できる．

　以上のように，「コンテクスト的解釈→意味」というプロセスは，意味変化において最も基本的な原理である．この点からすると，意味変化の説明は，一般にいう「意味的」（semantic）というよりは，「語用論的」（pragmatic）な観点から行われる方が望ましい．というのも，先ほどの意味化のプロセスは，語または表現

のディスコースにおける使用と,そこから生ずるいわゆる「言外の意味」(会話の含意／推論) を出発点とし,しかもディスコースにおける反復使用による慣習化が重要なカギを握っているからである.

5.5 意味変化と多義性

意味変化について論じる際に避けて通れないのが,意味変化と**多義性**（polysemy) との関わりである.まず,多義性とは,言語記号が複数の関連した意味をもつことである.しかし多義性というと,とかく語の意味ばかりが問題とされやすいが,これは句や節といった様々なレベルの言語記号にも共通の特性である.例えば,*go to* X は〈～に行く〉という文字どおりの移動の解釈に加え,heaven（天国）と結びついて go to heaven（死ぬ）となると,移動ではなく死のプロセスと理解され,dictionary と結びつくと今度は go to a dictionary (辞書に頼る) となる.ともあれ重要な点は,多義性が過去の用法拡張の結果だということである.つまり,多義性は過去の意味変化の**共時的**（synchronic) な反映なのである.

多義性と意味変化の関連でもうひとつ重要なのは,語義の**プロトタイプ構造** (prototype structure) である.近年の**認知言語学**（cognitive linguistics) の発達はめざましく,とくに多義性の分析においては一日の長がある.レイコフ (Lakoff 1987) などによると,語の意味は,少数のプロトタイプ的意味を中心に放射状に構成される**認知カテゴリー**（cognitive category) とみなされる.概念的にプロトタイプに近い意味は中心部近くを占め,**周辺部**（periphery) に向かうほどしだいにプロトタイプ的意味との関係が希薄となる.したがって,周辺部に位置する意味では,もはやプロトタイプ的意味との概念的関連がほとんど感じられないものすら珍しくない.このため,カテゴリーの境界は本来曖昧であり,**カテゴリー化** (categorization) を通じてたえず新規の成員がつけ加えられるなど,変化を続けるダイナミックな存在であるとみなされる.

本節では,まず多義性の通時的意義から議論を始め,続いて多義性のプロトタイプ構造と意味変化の関連に話を進めることにする.

5.5.1 多義化としての意味変化

意味変化について,「A の意味が B の意味に変化した」という説明によく出会

5.5 意味変化と多義性

う．例えば，silly の意味が〈幸福な〉から〈愚かな〉へと変化したという記述は，専門書であっても特に珍しいものではない．しかし，このタイプの説明には注意が必要である．というのも，たいていの意味変化のケースでは，「A>B」のように新規の意味 B が直接旧来の意味 A に置き換えられるわけではないからである (Traugott and Dasher 2002: 11-12)．むしろ B が表現の唯一の意味になる前に，A と B が共存する多義的な段階（{A, B}）があり，その共存状態からなんらかの要因で A が失われた結果，うわべ上「A>B」のように見えるにすぎない．実際意味変化の後も，旧来の意味が保持されて新規の意味と共存するのがふつうで，silly のようにもとの意味が完全に失われるケースはさほど多くない．したがって，現実には意味変化は，「A>B」ではなく「A>{A, B}>B」というのが通例である．

場合によると，A と B が共存しながらも，すでに両者の概念的関係が忘れられ，**同音異義**（homonymy）とみなされがちなケースも珍しくない．有名な例に fast がある．fast には〈速い〉という意味と〈しっかりした〉という意味がある．語源的には後者の意味の方が古く，OE までさかのぼる．前者の意味は 14 世紀に登場した比較的新しい意味である．したがって，両者は 14 世紀からおよそ 6 世紀間にわたって共存していることになるが，現在この二つの意味の間に概念的な関係を見出す話者は少ないだろう．ともあれ，現在では後者の意味は明らかに退勢であり，かりにこの意味が廃用になれば，〈しっかりした〉>〈速い〉という「A>{A, B}>B」のパタンが完成する．「A>B」は中間段階を省いた便宜上の表記にすぎない．

以上の点からすると，意味変化は概して多義性を生みだすプロセス，つまり**多義化**ということができる．つまり，意味変化の一般性からすると，「A>{A, B}」のプロセスが重要なのであって，旧来の意味が廃用となって「A>{A, B}>B」のパタンになるか，保持されて「A>{A, B}」にとどまるかは，それぞれの語がたどる個別の事情による (Keans 2010: 123)．この観察から意味変化の分析の重要なガイドラインが得られる．かりに歴史的文献によくある**偶然の空白**(accidental gap) のために発達の中間段階が欠けていて，見かけ上「A>B」に見える場合でも，実証しえない多義的な段階（{A, B}）があったものと想定すべきだからである (Durkin 2009: 226)．

ところで，すでにふれたように，新規の意味は，会話の含意／推論のようにもともとコンテクスト的意味であったものが，慣習化によって意味化されたものと

考えられる [5.4節参照]．そうだとすると，多義化（A＞{A, B}）は，基本的に語が新規のコンテクストに適用されること，結局は用法拡張，に起因する．

5.5.2 プロトタイプと意味変化

本項では，おもにヘラールツ（Geeraerts, D.）の研究アプローチを紹介する．ヘラールツ（Geeraerts 1997）は，カテゴリー化の働きが意味変化という現象において果たす役割の重要性に着目し，**通時的プロトタイプ意味論**（diachronic prototype semantics）に先鞭をつけた．

本節の冒頭でふれたように，近年の認知言語学では，語の意味を認知カテゴリーととらえ，少数のプロトタイプ的意味を中心とした放射状の構造を示すものとみなしている．このプロトタイプ意味論の主張の要点は，語の意味の根幹をなすカテゴリーが常に状況に応じて変化しうる，可変性を秘めたダイナミックな存在だと考えることにある．認知カテゴリーの可変性は，主に認知カテゴリーの境界が曖昧で，常に新規の成員が加えられうること，そしてどのプロトタイプ的意味にウェイトが置かれるかが，時代や状況とともに変化することから生まれる．語の意味変化がこの認知カテゴリーの可変性から生ずるというのがヘラールツの基本的な考えである．本項では，ヘラールツの考察したいくつかの意味変化のパタンのうち，特に**意味の多元発生**（semantic polygenesis）と**プロトタイプ・シフト**（prototype shift）に注目する．

a. 意味の多元発生

意味の多元発生とは，ある語の新規の意味が時代を隔てて，それぞれまったく別の**刷新**（innovation）により生ずることをいう（Geeraerts 1997: 62）．したがって，意味の多元発生の判定には，それぞれの出現時期の間に顕著な時間的空白がなくてはならないとされる（Geeraerts 1997: 160）．例えば，オランダ語のverduisteren（暗くなる／する）は，事物を主語にした自動詞文で用いられ，ふつうは日食や月食を表すのに使われる．ところが，1983年にオランダのとあるシンガーソングライターは，この語を〈誘拐する〉の意味の他動詞として用いた．

ヘラールツによると，この用法は17世紀以来文献では見られず，1983年に再び現れた〈誘拐する〉の意味は17世紀に見られるものとは継続関係になく，それぞれが〈暗くなる／する〉というverduisterenのプロトタイプ的意味から，そのつどメタファー拡張（〈暗くする〉＞〈隠す〉＞〈誘拐する〉）によって別個に生じた

刷新だという．このような時代をまたいだ刷新が可能となるのは，認知カテゴリーの周辺部が常に可変的であるという認知カテゴリーの特性に起因する．

英語でも見たところ意味の多元発生と思える例がいくつか存在する（Durkin (2009: 228))．*OED* によると，〈（父親が）子をもうける〉の意味の make は，1616年ごろに書かれたシェークスピアの作品以降は 1924 年までぱたりと姿を消す．また，同様に，〈行儀がよい〉の意味の mannered は，1575 年から 1829 年まで空白が見られる．

もっともダーキン（Durkin, P.）は意味の多元発生の実在性に，どちらかというと懐疑的である．例えば，ヘラールツ自身も指摘するように，意味の多元発生の認定には，用いる資料／コーパスのクオリティが問題となる（Geeraerts 1997: 65)．つまり，使用の空白が単に資料の乏しさによるものでないことが事前に明示されねばならない．ダーキン（Durkin 2009: 228）は，意味の多元発生のケースと単なる歴史資料の欠如を区別するのは困難であり，かりに歴史資料が連続していても，ここで問題とされるような刷新的な用法は，主に口語で生ずるものなので，どのみち残された文語資料に現れる可能性は低いとしている．

b. プロトタイプ・シフト

上述のように，認知カテゴリーは常に状況に応じて発達を続けるダイナミックな存在とみなされる．前項では認知カテゴリー周辺部の可変性に注目したが，カテゴリーの中心部をなすプロトタイプ的意味もけっして固定されているわけではない．過去にプロトタイプ的意味であったものがしだいに周辺部に追いやられたり，逆に周辺的な意味であったものがプロトタイプ的意味へと「格上げ」されることもある．

例えば，5.5.1 項でふれた fast の意味変化の道筋は，まさにこのようなプロトタイプ・シフトとして捉えることができる．fast の〈速い〉という意味は，現在ではプロトタイプ的意味といえるが，これは ME（＝中英語）期に登場した比較的新しい意味である．fast の原義は〈しっかりした〉で，PE では明らかに退勢だが，OE ではこちらがプロトタイプ的意味であった．したがって，この発達は，原義である〈しっかりした〉がプロトタイプから周辺へと「格下げ」され，逆に〈速い〉の意味が周辺部からプロトタイプへと「格上げ」されたプロトタイプ・シフトの例と理解できる．

他の例として，ダーキン（Durkin 2009: 227）が述べる，man（男）のたどった

意味変化にふれておこう．現在では man は〈成人男性〉がプロトタイプ的意味だが，以前は (9) に示す〈人間〉というより一般的な意味がプロトタイプ的地位を占めていた．

(9) Any *man* can do it.（それは誰にでもできる．） 　　　　（『ランダムハウス英語辞典』）

むしろ〈成人男性〉のほうが特定のコンテクストに限定された周辺的意味だった．プロトタイプ・シフトによってこの意味がプロトタイプへと「格上げ」されるのは ME 以降である．さらに PE では，〈人間〉の意味の man の用法は，フェミニズム運動のあおりをうけて差別的表現として回避され，現在ではほとんど廃用に近い状況にある．

c. プロトタイプ的意味と特殊化

本節を締めくくる前に，参考までに 5.3.1 項 a でみた特殊化の例について再びふれておきたい．OE hund（犬）＞PE hound（猟犬），OE deor（動物）＞PE dear（鹿），OE mate（食物）＞PE meat（肉），OE fugol（鳥）＞PE fowl（家禽）といった意味変化も，語の意味のプロトタイプ構造と関連があると思われる．以上の例を見てすぐさま気づくのは，特殊化によって生じた意味が，かつて一般的だった意味のうち，少なくともプロトタイプ的意味のひとつだろうと思われる点である．例えば，肉は野菜類とならんで食物のカテゴリーのプロトタイプ的成員といってよいだろうし，かつての農耕社会では家禽は鳥のカテゴリーの少なくとも顕著な成員のひとつだったはずである．また，狩猟のパートナーであった猟犬や主な獲物であった鹿が，犬や動物のカテゴリーの中でひときわ顕著な成員と映ったとしても不思議はない．つまり，特殊化とは，カテゴリーの範囲がもともとの一般的カテゴリーの成員のうちプロトタイプ的な成員に限定されていくプロセスだと理解できる．

5.6　メタファー（隠喩）とメトニミー（換喩）

ステルンやウルマンといった伝統的な研究において意味変化の要因としてひときわ重視されたのが，**メタファー**（metaphor）と**メトニミー**（metonymy）である．これらは**誇張法**（hyperbole）や**緩叙法**（litotes）等と共にひとまとめにして

文彩（figure of speech）と呼ばれ，かつてはもっぱら文を飾る修辞的なテクニックとみなされていた．しかし，とくに 1980 年代以降，認知言語学が注目を集めるにつれて，日常言語および認識におけるメタファーやメトニミーの重要性が強く認識され，それにともなって，メタファーやメトニミーを基盤にもつ意味変化についても，認知的な観点から論じられるようになった．

5.6.1 メタファー

メタファーとは，なんらかの**類似性**（similarity）を通じて，概念 A を表す語句が概念 B を表すために用いられることをいう．言語におけるメタファーの働きは，古くはアリストテレス（Aristoteles）も注目している．しかし，近年に至るまで，考察の重点は，メタファーの修辞的な有用性におかれていた．つまりメタファーは詩や文学のような高度に洗練された文体に欠かせない技法であって，それをうまく扱うには特別の才能が必要だとされた．この伝統のもとに，20 世紀後半に至るまで，メタファーは言語学においてごく周辺的な位置づけに甘んじざるをえなかった．ところが認知言語学の躍進とともに，メタファーもいちやく言語研究の中心へと躍り出た．

メタファー研究のブレイク・スルーともいうべきレイコフ（Lakoff, G.）とジョンソン（Johnson, M.）の研究は，意味の基盤がメタファーによって構成されていることを明らかにした（Lakoff and Johnson 1980）．この研究のもっと重要な貢献は，メタファーが人間の**認知構造**（cognitive structure）の反映であるとする彼らの主張にある．例えば，stream of time（時の流れ）では，時の経過がただ単にことばの上で水の流れとして表現されているばかりか，話者がじっさいに水の流れのイメージを通じて時の経過を理解しているものとみなされる．さらに彼らによると，メタファーは人間が思考を行う際の基盤となる**認知モデル**（cognitive model）を構成する際の最も一般的な認知プロセスであり，この意味ではメタファーは「思考の原理」といってもよい．

レイコフとジョンソンは，もっぱら英語を分析の対象としたが，その後の研究で彼らの主張は通言語的に追認されている．この認知的アプローチでは，stream of time のようなメタファー的表現が生まれる背景には，必ず認知的な必然性があることになる．つまり，このような表現が生まれる背景には，抽象的で直接感覚によって捉えきれない経験／概念を，より具体的で捉えやすい日常の経験／概念

に置き換えて理解するという認知的な動機がある．これによって，「具体的概念＞抽象的概念」というよくある意味変化の方向性が原理的に説明できるようになった（Traugott and Dasher 2002）．多くの意味変化が「具体的＞抽象的」という発達のパタンを示すという事実は，まさしく意味変化におけるメタファーの役割の大きさを物語るものだといえる．

例えば，先ほどの stream では「水の移動＞時の経過」，(10a) の see では「見る＞理解する」，(10b) の cold では「(温度が) 冷たい＞(性格・態度が) 冷淡だ」，(10c) の grasp では「手で握る＞理解する」といった具合である．

(10) a. I *see* what you mean.（おっしゃることはわかります．）
　　 b. It's going to take more than a hot sun to melt her *cold* heart.（彼女の冷たい心を溶かすには陽の温もりでも足らないだろう．）
　　 c. He has *grasped* the truth of what I was saying.（彼はぼくのことばの正しさを理解した．）

これらの例に示した抽象的な意味が具体的な意味からの拡張によって生じたことは明らかである．このようなメタファーの特性に基づく意味変化の研究にスウィーツァー（Sweetser, E.）のアプローチがあるが，このアプローチでは，語だけでなく，法助動詞など文法語の意味発達も扱っている点で注目に値する（Sweetser 1990）．

しかもこのような**メタファー写像**（metaphoric mapping）のパタンは，通言語的に認められることが多い．例えば，瀬戸（1995）によると，(10) にあげたようなメタファー写像の方向性は，日英語でもかなりの重畳が見られる．例えば，日本語でも「時の流れ」「あなたの話が見えてきた」「彼女は冷たい」「内容を把握する」等と表現するように，日英語で基本的に同じメタファー写像のパタンが見られる．これらの写像パタンがどこまで普遍的かという点は今後の課題だが，かりにいくつかのパタンについて普遍性が実証できれば，それを意味変化の予測可能なパタンとみなすことができるだろう．

さて，メタファー写像が意味変化において重要な役割を果たす理由は，メタファーがこれまで言語化されていなかった新規の概念のための表現を生みだすための「心の道具」だからである．実際そうした状況で，新規の概念に対応した語を全く新たに造語するというのは，言語において比較的まれなケースである（Waldron 1967: 169）．これは新規の概念をよく知っている概念によって——あたかも

それが旧来の概念であるかのように——表現するのが人間の認知的傾向だからである (Grace 1987: 102)．このため，メタファーは 5.2.1 項で見た用法拡張の最もありふれた手段であり，しかも 5.5.1 項で見た多義化の最も一般的な要因となっている．

ところで，トラウゴット (Traugott 1985) は，意味変化における**死んだメタファー** (dead metaphor) の役割を強調する．死んだメタファーとは，すでに話者はメタファーとして意識していないが，歴史的にはメタファーによる意味拡張が関わっていることが明らかな意味のことを指す．メタファーが「死んで」いるか「生きて」いるかを判断する基準は，あくまでも話者が表現をメタファーと意識できるかどうかによる．例えば，先ほどもふれた〈冷淡〉の意味の cold は，かつてのメタファー的意味が語の意味のひとつとして定着した好例だが，もっとドラスティックなケースとして，すでに文字どおりの意味が失われ，語源に明るい専門家でもなければ，それがメタファーによるものとわからない場合もある．このようなケースは語の起源が古ければ古いほど多くなる．

例えば，magazine はもともと〈倉庫〉の意味だったが，〈情報の倉庫〉といったメタファー的な意味を介して，現在の〈雑誌〉という意味に至った．元来の〈倉庫〉の意味が失われたのは歴史の偶然だが，そのおかげで〈雑誌〉は magazine の文字どおりの意味とみなされやすい．このように本来のメタファー的意味が失われて「死んだ」状態へと変化する通時的プロセスを，アンティラ (Anttila 1972: 145) は**衰退** (fading) と呼び，またノース (Nöth 1990: 131) は**脱メタファー化** (demetaphorization) と呼ぶ．また，死んだメタファーに関してよく話題にのぼるのが，comprehend（理解する）（＜Lat. com-（ともに）＋prehendere（掴む））や concur（同意する）（＜Lat. com-（ともに）＋Lat. currere（走る））のようなラテン語由来の借入語である．これらの語の意味は，借入がなされた時点からすでに多くの英語の話者にとって不透明で，いわば「死んだメタファーの輸入品」であるといえる．

5.6.2 メトニミー

意味変化におけるメトニミーの役割は，かつてメタファーに比べて過小評価されがちだった．しかし，トラウゴットをはじめ，近年の多くの研究者はむしろ意味変化におけるメトニミーの役割を重視している．

まず,伝統的な定義では,メタファーが概念間の類似性に基づく**転義**(transfer)であるのに対して,メトニミーは概念上の**隣接性**(contiguity)に基づく転義を指すとされる.この隣接性は,ウォルドロン(Waldron 1967: 186)によると「コンテクスト上の関連」(contextual association)であるが,もっと最近の認知言語学では,同一の**概念領域**(domain)に含まれるということを意味するとされる(Gibbs 1994: 342; Kövecses 2002: 145).この概念領域とは,認知言語学では,現実世界の事象についての人間の理解を示す認知モデル(レイコフ(Lakoff 1987)の意味における**理想認知モデル**(idealized cognitive model))を意味する.これは現実世界の特定の局面をモデル化したもので,そこではその局面と関連した日常の経験に含まれる様々な概念がネットワークをなしている.さらに認知言語学では,メトニミーはメタファー同様,人間の概念構造を構成する際の重要な手段だとみなされる(Gibbs 1994).

さて,メトニミーで問題とされる「隣接性」には,部分と全体の関係に基づくもの(hand/head>〈人〉,America>〈アメリカ政府〉),所有関係に基づくもの(〈メガネ〉>〈眼鏡をかけた人〉)などがある.なお,hand(手)によって人全体を指す場合のように,部分から全体への転義は一般に**シネクドキ**(synecdoche, 提喩)と呼ばれる.その他の隣接関係とされるものには同一の概念領域に含まれる項目どうしの様々な関係が含まれ,文字どおり物理的な距離を指すこともあれば,心理的な隣接性や発話のコンテクストにおける共起のみを指す場合もある.

例えば,(11a)のように,筆者や製作者によって作品を表す場合,(11b)のように,道具で使用者を指す場合,さらにほとんど転義とは認識されないかもしれないが,(11c)のように,容器によって内容物を指す場合などがある.

(11) a. He likes to read the *Marquis de Sade*. (彼はマルキ・ド・サド(の作品)を読むのが好きだ.) (Lakoff and Johnson 1980: 35)
 b. The *sax* has the flu today. (サックス奏者は今日風邪だ.) (Gibbs 1994: 345)
 c. The *kettle* is boiling. (やかん(の湯)が沸騰している.) (Waldron 1967: 187)

ちなみに,夏目漱石の有名な小説『坊っちゃん』の登場人物「赤シャツ」も,着衣によって人物そのものを指すメトニミーの例である.

さらにコンテクストに依存したメトニミー表現の例としては,有名な(12)の例がある(Lakoff and Johnson 1980: 35).

(12) The *ham sandwich* is waiting for his check. (あのハムサンドイッチが勘定を待

5.6 メタファー（隠喩）とメトニミー（換喩）

ってるぞ．）

この文では，ham sandwich は〈ハムサンドイッチを注文した客〉と理解される．ちなみに，sandwich 自体も考案者サンドウィッチ（Sandwich）伯爵に由来するメトニミーである．このように，メトニミーとは，コンテクストにおいて関連した顕著な事物を用いて指示対象自体を指す働きである．

以上の例は，いずれもメタファーと類似した転義を含むという点で，意味変化と直接関わってくる．メタファー同様，メトニミーは語の多義性を生みだす原動力である．したがって，5.5.1 項で学んだように，多義化を意味変化の基本形とみなすならば，メトニミーはメタファーとならんで，まさに意味変化の中心的メカニズムの一つだといえる．

ここでいくつかメトニミーによる意味変化の例を見てみよう．ヨーロッパの言語によく見られる意味変化に，〈魂〉＞〈人間〉の発達がある．これは，部分で全体を表すシネクドキの例で，a kind *soul*（親切な人）や，

(13) Not a *soul* was to be seen.（人っ子ひとりも見当たらなかった．）

のように，英語の soul（魂）には〈人，人間〉の意味がある．同じ〈魂〉＞〈人間〉の転義は，フランス語の âme（魂）にも見られる．さらにブルガリア語でも，duša（魂）は（複数形 duši で）〈人〉の意味で用いられる．また，ある身体部位を指す語がそれに隣接する別の身体部位を表すようになる変化のパタンがある．例えば，Lat. femur（腿）が Lat. coxa（尻）によってとって代わられ，Fr. cuisse（腿），Ita. coscia（腿）のように，後者が〈腿〉を意味するようになった（Wartburg 1969: 118）（Ita.＝イタリア語）．

メトニミーによる転義において原義が失われ，見かけ上「A＞B」というパタンが生まれることがあるが，その場合，歴史的な知識なしに B の意味がメトニミーによるものと看破するのは難しい．例えば speed（速度）（＜OE. sped）の原義は〈成功〉で，しばしば素早さが成功のカギになるという知識に基づくメトニミーとみられる（Waldron 1967: 186）．しかしこれは，同じ概念領域に属するといった説明では理解しにくい「隣接性」である．このケースで重要なのは，素早さという成功の 1 側面を成功という出来事全体で表すという「全体＞部分」のメトニミーとなっているという点である．わかりやすい例をあげると，これは「あの軽自動車は運転が乱暴だ」のように，〈軽自動車〉（全体）で〈運転手〉（部分）を表す

メトニミーと同類である．

　メトニミーによる「A＞B」の発達のもうひとつの例としては，scope（範囲）の発達がある（Waldron 1967: 187）．この語は 16 世紀に借入された Ita. scopo（目的）に由来するが，scope はさらに Lat. scopus（目的），そして Gr. skopós（標的）にまでさかのぼる．〈範囲〉の意味はシェークスピア（16 世紀末）が初出の最も新しい意味だが，〈標的〉〈目的〉といった本来の意味はそれによって駆逐されてしまった．speed と scope の例は，ちょうど「死んだメタファー」のメトニミー版で，「死んだメトニミー」とでもいうべきものである．

　最後に，すでに 5.4 節でふれたが，トラウゴットなどは，会話の含意／推論の意味化をメトニミー的プロセスだと考えている．これは上述のとおり，発話に付随するコンテクスト的意味を関連する語や表現の意味とみなすメトニミーだと理解できる．ただしこの場合は，『坊っちゃん』の「赤シャツ」などのケースと異なり，意図的な修辞法に基づくものではない．

5.7　ま と め

　本章で見てきたように，意味は最も変化に対する抵抗が弱い点が，文法規則や音韻的特性と異なる．これは，意味の伝達が日常の言語活動の舞台であるディスコースにおけるコミュニケーション活動の目的と直接結びついているからである．このため，意味変化は常に私たちの言語行動の変化，そしてマクロには社会や物質文化の変化と連動している．特に重要な意味変化の要因は，5.2 節で述べたように，話者の手による用法拡張である．用法拡張の最も顕著な手法は，5.6 節で述べたメタファーとメトニミーだが，現実には私たちの言語生活全般に関わっている．語や表現が新たなコンテクストに適用することによって生ずる新規の用法が慣習化によって社会に定着し，新規の意味を生みだす．この多義化のプロセスこそ意味変化の本質である．以上のように，意味変化はディスコースのダイナミズムによって生ずるゆえに冒頭に述べたように日常的なのである．

より深く勉強したい人のために
- Waldron, Ronald A.（1967）*Sense and Sense Development*, London: Andre Deutsch.
　　ブレアル，ステルン，ウルマンといった古典的研究の成果を豊富な例とともに解説

してくれている絶好の入門書．筑島謙三氏による翻訳がある（『意味と意味の発達』紀伊國屋書店）．

- Sweetser, Eve E. (1990) *From Etymology to Pragmatics*, Cambridge: Cambridge University Press.

  メタファー論など認知意味論の最新の成果をとり入れた画期的な研究書．語の意味変化から英語の法助動詞の意味変化まで広範囲に論じている．特に認知意味論に興味をもつ方にはお勧めの一冊．澤田治美氏による邦訳がある（『認知意味論の展開』研究社）．

- Traugott, Elizabeth C. and Richard B. Dasher (2002) *Regularity in Semantic Change*, Cambridge: Cambridge University Press.

  主観化および相互主観化についての通言語的な事例研究．第2章に19世紀から21世紀にわたる意味変化研究の研究史があり，大変参考になる．しかも文法化と意味変化の関わりについてもたいへん詳しい．邦訳はまだなされていない．

- Wierzbicka, Anna (2006) *English*, Oxford: Oxford University Press.

  イギリスおよび英語圏文化の文化変容が語や表現の意味に及ぼす影響について論じた画期的な書．特にジョン・ロック（John Locke）の思想が法副詞（modal adverb）のような法性（modality）を表す表現の意味に与えた影響について新説を展開している．言語学を専門にする方にはやや難解なのが難点．邦訳はまだなされていない．

演習問題

1. 意味変化が生ずる要因を二つ挙げ，それぞれ例を挙げて論じなさい．
2. 主観化と相互主観化の違いについて，日英語の例を用いて論じなさい．
3. メタファーによると思われる，日英語の意味変化の例を挙げなさい．

文　献

秋元実治（2011）「文法化と主観性」澤田治美（編）『主観性と主体性』ひつじ書房：93-110.

瀬戸賢一（1995）『メタファー思考』講談社．

Anttila, Raimo (1972) *An Introduction to Historical and Comparative Linguistics*, New York: MacMillan.

Bradley, Henry (1904) *The Making of English*, New York: MacMillan.（寺澤芳雄（訳）（1982）『英語発達小史』岩波書店）

Bréal, Michel (1900) *Semantics: Studies in the Science of Meaning*, New York: Dover.

Brinton, Laurel J. and Elizabeth C. Traugott (2005) *Lexicalization and Language Change*, Cambridge: Cambridge University Press.（日野資成（訳）（2009）『語彙化と言語変化』九州大学

出版会)

Brucker, Charles (1988) *L'Etymologie*, Paris: Presses Universitaires de France. (内海利朗 (訳) (1997)『語源学』白水社)

Croft, William (2000) *Explaining Language Change*, London: Longman.

Davidse, Kristin. Lieven Vandelanotte, Hubert Cuyckens (eds.) (2010) *Subjectification, Intersubjectification and Grammaticalization*, Berlin and New York: Mouton de Gruyter.

Durkin, Philip (2009) *The Oxford Guide to Etymology*, Oxford: Oxford University Press.

Finegan, Edward (1995) "Subjectivity and Subjectivisation: An Introduction," in Dieter Stein and Suzan Wright (eds.), 1-15.

Geeraerts, Dirk (1997) *Diachronic Prototype Semantics: A Contribution to Historical Lexicology*, Oxford: Clarendon Press.

Gibbs, Raymond W. (1994) *The Poetics of Mind*, Cambridge: Cambridge University Press. (井上逸兵ほか (訳) (2008) 『比喩と認知』研究社)

Grice, Paul (1989) *Studies in the Way of Words*, Cambridge, Mass: Harvard University Press. (清塚邦彦 (訳) (1998) 『論理と会話』勁草書房)

Grace, George W. (1987) *Linguistic Construction of Reality*, London: Croom Helm.

Hughes, Geoffrey (1988) *Words in Time*, Oxford: Basil Blackwell.

Keans, Kate (2010) "Implicature and Language Change," in Mirjam Fried *et al.* (eds.), *Variation and Change*, Amsterdam: John Benjamins, 123-140.

Kövecses, Zoltán (2002) *Metaphor: A Practical introduction*, Oxford: Oxford University Press.

Lakoff, George (1987) *Women, Fire, and Dangerous Things*, Chicago: University of Chicago Press. (池上嘉彦ほか (訳) (1993) 『認知意味論』研究社)

Lakoff, George and Mark Johnson (1980) *Metaphors We Live By*, Chicago: University of Chicago Press. (渡辺昇一ほか (訳) (1986) 『レトリックと人生』大修館書店)

Luján, Eugenio R. (2010) "Semantic Change," in Silvia Luraghi and Vit Bubenik (eds.), *The Continuum Companion to Historical Linguistics*, London and New York: Continuum, 286-310.

Nöth, Winfried (1990) *Handbook of Semiotics*, Bloomington and Indianapolis: Indiana University Press.

Romaine, Suzanne (1994) *Language in Society*, Oxford: Oxford University Press. (土田滋ほか (訳) (1997) 『社会のなかの言語』三省堂)

Saussure, Ferdinand de (1983 [1916]) *Course in General Linguistics*, London: Duckworth. (小林英夫 (訳) (1972) 『一般言語学講義』岩波書店 [改版])

Stein, Dieter and Suzan Wright (eds.) (1995) *Subjectivity and Subjectivisation*, Cambridge: Cambridge University Press.

Steinmetz, Sol (2008) *Semantic Antics*, New York: Random House Reference.

Stern, Gustaf (1931) *Meaning and Change of Meaning*, Westport: Greenwood Press, Publishers. (五島忠久 (訳) (1962) 『意味と意味変化』研究社 [抄訳])

Stevenson, Victor (1983) *Words*, London: Eddison Sadd Editions. (江村裕文ほか (訳)『図説ことばの歴史』青山社)

Sweetser, Eve E. (1990) *From Etymology to Pragmatics*, Cambridge: Cambridge University Press. (澤田治美 (訳) (2000)『認知意味論の展開』研究社)

Traugott, Elizabeth C. (1985) "'Conventional' and 'Dead' Metaphors Revisited," in Wolf Paprotté and René Dirven (eds.), *The Ubiquity of Metaphor*, Amsterdam: John Benjamins, 17-56.

Traugott, Elizabeth C. (1989) "On the Rise of Epistemic Meanings in English: An Example of Subjectification in Semantic Change," *Language* 65: 31-55.

Traugott, Elizabeth C. (1995) "Subjectification in Grammaticalization," in Dieter Stein and Suzan Wright (eds.), 31-54.

Traugott, Elizabeth C. (2003) "From Subjectification to Intersubjectification," in Raymond Hickey (ed.), *Motives for Language Change*, Cambridge: Cambridge University Press, 125-139.

Traugott, Elizabeth C. (2010) "(Inter)subjectivity and (Inter)subjectification: A Reassessment," in Kristin Davidse, Lieven Vandelanotte and Hubert Cuyckens (eds.), 29-71.

Traugott, Elizabeth C. and Richard B. Dasher (2002) *Regularity in Semantic Change*, Cambridge: Cambridge University Press.

Ullmann, Stephen (1957) *The Principles of Semantics: A Linguistic Approach to Meaning*, Second Edition, Oxford: Basil Blackwell. (山口秀夫 (訳) (1964)『意味論』紀伊國屋書店)

Ullmann, Stephen (1962) *Semantics*, Oxford: Basil Blackwell. (池上嘉彦 (訳) (1969)『言語と意味』大修館書店)

Waldron, Ronald A. (1967) *Sense and Sense Development*, London: Andre Deutsch. (築島謙三 (訳) (1990)『意味と意味の発展』法政大学出版局)

Wartburg, Walther von (1969) *Problems and Methods in Linguistics*, Oxford: Basil Blackwell. (島田茂 (訳) (1973)『言語学の問題と方法』紀伊國屋書店)

Wierzbicka, Anna (2006) *English*, Oxford: Oxford University Press.

利用辞書

『ランダムハウス英語辞典』CD-ROM 版 (1998), 小学館.

索　引

▶欧　文

LCS　45

▶あ　行

曖昧性（ambiguity）　21
曖昧に（ambiguous）　66
暗黙項（implicit argument）　75

一方向性（unidirectionality）　116
一項述語（one-place predicate）　53
一般化（generalization）　111
意味　1
　　――の階層関係（semantic hierarchy）　iv
　　――の多元発生（semantic polygenesis）　122
　　――の転送（meaning transfer）　114
　　投影された――　23, 24
　　発話の――　52
　　文の――　52
意味化（semanticization）　119
意味成分（semantic component）　44
意味素性（semantic feature）　44, 62
意味場（semantic field）　29, 58
意味場理論　28
意味範疇（semantic category）　53, 55, 56
意味変化（semantic change）　106
意味役割（semantic role）　67
意味論　iii
イントネーション　25

ヴィエルジュビツカ（Wierzbicka, A.）　109
ウォルドロン（Waldron, R.）　107

婉曲語法（euphemism）　109

音変化（sound change）　110

▶か　行

外延（extension, denotation）　4

下位語（hyponym）　14, 32
概念（concept）　13
　　――の階層（conceptual hierarchy）　16
概念意味論（conceptual semantics）　72, 77
概念化（conceptualization）　viii, 14
概念的意味（conceptual meaning）　13
概念領域（domain）　128
会話の含意（conversational implicature）　119
垣根言葉→ぼかし言葉
過去時制（past tense）　94
家族的類似（family resemblance）　63
仮定法（subjunctive mood）　v, 82
カテゴリー　13
カテゴリー化（categorization）　120
可能世界（possible world）　4
含意（関係）（entailment）　v, 64
　　会話の――　119
　　存在の――　10
慣習化（conventionalization）　119
感情　31
緩叙法（litotes）　124
関数（function）　54
間接的発話行為（indirect speech act）　93
感染（contagion）　114
換喩　48
関与者（participant）　52

起点（source）　70
義務的法性（deontic modality）　87
義務の源（deontic source）　91
客観的（objective）　116
客観的認識的法性（objective epistemic modality）　90
客観的法性（objective modality）　89
共時的（synchronic）　120
許可（permission）　116
禁句（taboo word）　24

空間場（spatial field）　58

偶然の空白(accidental gap)　121
屈折(inflection)　82
グラウンディング(grounding)　100
グラウンディング要素(grounding element)　101
グラウンド(ground)　100
クロフト(Croft, W.)　108

形式(formal)　46
経路(path)　55
経路関数(path function)　55
言外の意味(implicit meaning)　iii
言語外的(language-external)　107
言語内的(language-internal)　107
言語表現の意味　1
現在時制(present tense)　94
原始語(primitive)　61

語彙意味論(lexical semantics)　45
語彙概念構造(lexical conceptual structure)　45
語彙分解(lexical decomposition)　43
項(argument)　52, 54
行為者(actor)　73
行為層(action tier)　74
構成(constitutive)　46
後方転移(back-shifting, backshift)　99
語義向上(amelioration)　111, 112, 113
語義堕落(pejoration)　111, 112
語源　31
語源学(etymology)　109
語順　25
誇張法(hyperbole)　124
個別指示(specific reference)　6
コミュニケーション　1
固有機能(proper function)　62
語用論　iii
根源の法助動詞(root modal)　83
根源の法性(root modality)　83
根源の用法(root use)　83
コンテクスト(context)　108

▶さ　行

最近類　19
刷新(innovation)　122
三項述語(three-place predicate)　53
三次元モデル構造(3D model structure)　63

恣意的(arbitrary)　108
使役(causation)　59
視覚(vision)　63
時間場(temporal field)　59
軸(axis)　98
指示機能(referring function)　7
指示指向用法　8
指示対象(referent)　1, 109
　　──の変化(referent change)　109
指示の用法(referential use)　9
辞書的意味(dictionary meaning)　13
時制(tense)　80, 94
　　──の一致(sequence of tenses)　99
視点(perspective)　15
シネクドキ(synecdoche)　128
社会的意味(social meaning)　23
ジャッケンドフ(Jackendoff, R.)　72
習慣的現在(habitual present)　95
周辺部(periphery)　120
主観化(subjectification)　116
主関数(mainstream function)　75
主観性(subjectivity)　116
主観的認識的法性(subjective epistemic modality)　90
主観的法性(subjective modality)　89
縮約(contraction)　111
縮約的感染(contractive contagion)　114
(〜の)主語(subject-of)　67
主語志向的(subject-oriented)　85
種差　19
主体(agentive)　46
主題(theme)　68, 70
主題基準(theta criterion)　70
主題層(thematic tier)　74
主題の意味(thematic meaning)　23, 25
主題役割(thematic role, theta-role, θ-role)　67
述語(predicate)　52
瞬時的現在(instantaneous present)　95
上位語(hypernym)　14, 32
上下関係(hyponymy)　14, 32
状態(state)　53
状態関数(state function)　55
状態現在(state present)　95
情緒的意味(affective meaning)　23, 24
省略(ellipsis)　115
叙述機能(predicative function)　7

叙述指向用法　8
叙述文 (predicational sentence)　10
叙想法 (thought mood)　83
所有場 (possessional field)　58
事例 (instance)　101
死んだメタファー (dead metaphor)　127
真理値 (truth value)　5, 88

遂行的 (performative)　86
遂行文 (performative sentence, performative)　86
衰退 (fading)　127
推論 (inference)　119
ステルン (Stern, G.)　107

生成語彙論 (generative lexicon)　46
成分 (component)　18
成分分析 (componential analysis)　18, 43
接辞添加 (affixation)　40
接辞のグループ化　41
ゼロ形態素 (zero morpheme)　102

相 (aspect)　95
層 (tier)　74
相互主観化 (intersubjectification)　117
相互主観性 (intersubjectivity)　117
総称指示 (generic reference)　6
創世動詞 (world creating verb)　100
相補的関係 (complementarity)　35
属性　10
属性の用法 (attributive use)　9
属性場 (identificational field)　59
存在の含意 (existential import)　10

▶た　行

対応規則 (correspondence rule)　76
タイプ (type)　6
多義化　121
多義語 (polyseme, polysemic word)　5, 38
多義性 (polysemy)　5, 38, 120
ダーキン (Durkin, P.)　123
脱メタファー化 (demetaphorization)　127
タブー (taboo)　109
段階的関係 (gradablity)　36
段階的形容詞 (gradable adjective)　36
談話標識 (discourse marker)　118

着点 (goal)　70
直示(性) (deixis)　97
直示時 (deictic time)　98
直示時制 (deictic tense)　98
直説法 (indicative mood)　v, 82
チョムスキー (Chomsky, N.)　71

通時的プロトタイプ意味論 (diachronic prototype semantics)　122

定形節 (finite clause)　100
ディスコース (discourse)　106
定名詞句 (definite noun phrase)　8
出来事 (event)　53
出来事関数 (event function)　54
転換 (conversion)　40
転義 (transfer)　128
典型 (prototype)　63
伝統的意味論　vii

同一性文 (identity statement)　10
投影された意味 (reflected meaning)　23, 24
同音異義 (homonymy)　121
同音異義語 (homonym)　21, 39
同音異義性 (homonymy)　39
同義関係 (synonymy)　6, 30
同義語 (synonym)　6, 30
統語範疇 (syntactic category)　53, 67
同語反復 (tautology)　7
動作主 (agent)　67
動的法性 (dynamic modality)　87
同等下位語 (co-hyponym)　14, 34
時 (time)　94
特殊化 (specialization)　111
特定的用法 (specific use)　9
トークン (token)　6
トラウゴット (Traugott, E.)　107
トリーア (Trier, J.)　29

▶な　行

内包 (intension, connotation)　4
内包的意味 (connotative meaning)　23
二項述語 (two-place predicate)　53
二重分節 (double articulation)　110
認識の可能性 (epistemic possibility)　116

認識的法助動詞 (epistemic modal)　83
認識的法性 (epistemic modality)　83
認識的用法 (epistemic use)　83
認知意味論 (cognitive semantics)　vii, 77
認知カテゴリー (cognitive category)　120
認知言語学 (cognitive linguistics)　120
認知構造 (cognitive structure)　125
認知文法 (cognitive grammar)　77
認知モデル (cognitive model)　125

能力 (ability)　116

▶は　行

配慮　iii
場所 (location)　70
場所 (place)　55
場所関数 (place function)　55
場所理論 (localistic theory)　59
発語行為 (locutionary act)　93
発語内行為 (illocutionary act)　93
発話行為 (speech act)　vi, 92
発話の意味 (utterance meaning)　52
発話の力 (illocutionary force)　93
発話の場　iii
反意関係 (antonymy)　35
反意語 (antonym)　35
反対関係 (converseness)　38

非概念的意味　13
被行為者 (patient)　73
非直示時 (non-deictic time)　98
非直示時制 (non-deictic tense)　98
被動作主 (patient)　67
ヒューグズ (Hughes, G.)　109
ビリヤードボール・モデル (billiard-ball model)
　　69
非両立性 (incompatibility)　34

フィネガン (Finegan, E.)　116
複合 (compounding)　40
物質の変化 (thing change)　109
不定名詞句 (indefinite noun phrase)　8
不特定的用法 (non-specific use)　9
部分・全体関係 (meronymy)　34
普遍性 (universality)　76
不明確性 (vagueness)　22

ブレアル (Bréal, M.)　107
プロセス (process)　101
プロトタイプ構造 (prototype structure)　120
プロトタイプ・シフト (prototype shift)　122
文彩 (figure of speech)　125
文体　31
文体的意味 (stylistic meaning)　23
文の意味 (sentence meaning)　52
文法化 (grammaticalization)　117
文法機能 (grammatical function)　67
文法範疇 (grammatical category)　94

ヘラールツ (Geeraerts, D.)　122

法 (mood, mode)　v, 82
方言　32
方言差　24
法助動詞 (modal auxiliary, modal)　80, 83, 92
法性 (modality)　v, 80
法副詞 (modal adverb)　81
ぼかし言葉 (hedge)　82
ポライトネス (politeness)　118

▶ま　行

無標 (unmarked)　37

名詞類 (nominal)　100
命題 (proposition)　5, 80
命題内容 (propositional content)　80
命令法 (imperative mood)　v, 82
メタファー (metaphor)　124, 125
　　死んだ——　127
メタファー写像 (metaphoric mapping)　126
メトニミー (metonymy)　48, 119, 124, 128

目的 (telic)　46
(〜の)目的語 (object-of)　67
モダリティ (modality)　v
物 (thing)　54, 55

▶や　行

役割 (role)　10, 11

優先規則 (preference rule)　67
優先規則体系 (preference rule system)　67
優先条件 (preference condition)　63, 67

有標(marked)　37

用法拡張(usage extension)　107, 108

▶ら　行

離接的に(disjunctively)　66
理想認知モデル(idealized cognitive model)　128
リーチ(Leech, G.)　23
隣接性(contiguity)　128

類(type)　101

類概念(generic concept)　19
類似性(similarity)　125

歴史的現在(historic present)　96
連語(collocation)　111
連語的意味(collocative meaning)　23, 25
連辞的(syntagmatic)　111
連想的意味(associative meaning)　23

▶わ　行

話者志向的(speaker-oriented)　85

英和対照用語一覧

意味論に関わるキーワードの英和対照一覧を作成した.

▶ A

- ability　能力
- accidental gap　偶然の空白
- action tier　行為層
- actor　行為者
- affective meaning　情緒的意味
- affixation　接辞添加
- agent　動作主
- agentive　主体
- ambiguity　曖昧性
- ambiguous　曖昧に
- amelioration　語義向上
- antonym　反意語
- antonymy　反意関係
- arbitrary　恣意的
- argument　項
- aspect　相
- associative meaning　連想的意味
- attributive use　属性的用法
- axis　軸

▶ B

- back-shifting, backshift　後方転移
- billiard-ball model　ビリヤードボール・モデル

▶ C

- categorization　カテゴリー化
- causation　使役
- co-hyponym　同等下位語
- cognitive category　認知カテゴリー
- cognitive grammar　認知文法
- cognitive linguistics　認知言語学
- cognitive model　認知モデル
- cognitive semantics　認知意味論
- cognitive structure　認知構造
- collocation　連語
- collocative meaning　連語的意味
- complementarity　相補の関係
- component　成分
- componential analysis　成分分析
- compounding　複合
- concept　概念
- conceptual hierarchy　概念の階層
- conceptual meaning　概念的意味
- conceptual semantics　概念意味論
- conceptualization　概念化
- connotation　内包
- connotative meaning　内包的意味
- constitutive　構成
- contagion　感染
- context　コンテクスト
- contiguity　隣接性
- contraction　縮約
- contractive contagion　縮約的感染
- conventionalization　慣習化
- conversational implicature　会話の含意
- converseness　反対関係
- conversion　転換
- correspondence rule　対応規則

▶ D

- dead metaphor　死んだメタファー
- definite noun phrase　定名詞句
- deictic tense　直示時制
- deictic time　直示時
- deixis　直示(性)
- demetaphorization　脱メタファー化
- denotation　外延
- deontic modality　義務的法性
- deontic source　義務の源
- diachronic prototype semantics　通時的プロトタイプ意味論
- dictionary meaning　辞書的意味
- discourse　ディスコース
- discourse marker　談話標識
- disjunctively　離接的に
- domain　概念領域

double articulation　二重分節
dynamic modality　動的法性

▶ E

ellipsis　省略
entailment　含意
epistemic modal　認識的法助動詞
epistemic modality　認識的法性
epistemic possibility　認識的可能性
epistemic use　認識的用法
etymology　語源学
euphemism　婉曲語法
event　出来事
event function　出来事関数
existential import　存在の含意
extension　外延

▶ F

fading　衰退
family resemblance　家族的類似
figure of speech　文彩
finite clause　定形節
formal　形式
function　関数

▶ G

generalization　一般化
generative lexicon　生成語彙論
generic concept　類概念
generic reference　総称指示
goal　着点
gradablity　段階的関係
gradable adjective　段階的形容詞
grammatical category　文法範疇
grammatical function　文法機能
grammaticalization　文法化
ground　グラウンド
grounding　グラウンディング
grounding element　グラウンディング要素

▶ H

habitual present　習慣的現在
hedge　ぼかし言葉
historic present　歴史的現在
homonym　同音異義語
homonymy　同音異義性

homonymy　同音異義
hyperbole　誇張法
hypernym　上位語
hyponym　下位語
hyponymy　上下関係

▶ I

idealized cognitive model　理想認知モデル
identificational field　属性場
identity statement　同一性文
illocutionary act　発語内行為
illocutionary force　発話の力
imperative mood　命令法
implicit argument　暗黙項
inplicit meaning　言外の意味
incompatibility　非両立性
indefinite noun phrase　不定名詞句
indicative mood　直説法
indirect speech act　間接的発話行為
inference　推論
inflection　屈折
innovation　刷新
instance　事例
instantaneous present　瞬時的現在
intension　内包
intersubjectification　相互主観化
intersubjectivity　相互主観性

▶ L

language-external　言語外的
language-internal　言語内的
lexical conceptual structure　語彙概念構造
lexical decomposition　語彙分解
lexical semantics　語彙意味論
litotes　緩叙法
localistic theory　場所理論
location　場所
locutionary act　発語行為

▶ M

marked　有標
mainstream function　主関数
meaning transfer　意味の転送
meronymy　部分・全体関係
metaphor　メタファー
metaphoric mapping　メタファー写像

metonymy　　メトニミー
modal adverb　　法副詞
modal auxiliary, modal　　法助動詞
modality　　法性，モダリティ
mood　　法

▶ N

nominal　　名詞類
non-deictic tense　　非直示時制
non-deictic time　　非直示時
non-specific use　　不特定的用法

▶ O

object-of　　〜の目的語
objective　　客観的
objective epistemic modality　　客観的認識的法性
objective modality　　客観的法性
one-place predicate　　一項述語

▶ P

participant　　関与者
past tense　　過去時制
path　　経路
path function　　経路関数
patient　　被動作主
patient　　被行為者
pejoration　　語義堕落
performative　　遂行的
performative sentence　　遂行文
periphery　　周辺部
permission　　許可
perspective　　視点
place　　場所
place function　　場所関数
politeness　　ポライトネス
polyseme　　多義語
polysemic word　　多義語
polysemy　　多義性
possessional field　　所有場
possible world　　可能世界
predicate　　述語
predicational sentence　　叙述文
predicative function　　叙述機能
preference condition　　優先条件
preference rule　　優先規則

preference rule system　　優先規則体系
present tense　　現在時制
primitive　　原始語
process　　プロセス
proper function　　固有機能
proposition　　命題
propositional content　　命題内容
prototype　　典型
prototype shift　　プロトタイプ・シフト
prototype structure　　プロトタイプ構造

▶ R

referent　　指示対象
referent change　　指示対象の変化
referential use　　指示的用法
referring function　　指示機能
reflected meaning　　投影された意味
role　　役割
root modal　　根源的法助動詞
root modality　　根源的法性
root use　　根源的用法

▶ S

semantic category　　意味範疇
semantic change　　意味変化
semantic component　　意味成分
semantic feature　　意味素性
semantic field　　意味場
semantic hierarchy　　意味の階層関係
semantic polygenesis　　意味の多元発生
semantic role　　意味役割
semanticization　　意味化
sentence meaning　　文の意味
sequence of tenses　　時制の一致
similarity　　類似性
social meaning　　社会的意味
sound change　　音変化
source　　起点
spatial field　　空間場
speaker-oriented　　話者志向的
specialization　　特殊化
specific reference　　個別指示
specific use　　特定的用法
speech act　　発話行為
state　　状態
state function　　状態関数

state present	状態現在
stylistic meaning	文体的意味
subject-of	〜の主語
subject-oriented	主語志向的
subjectification	主観化
subjective epistemic modality	主観的認識的法性
subjective modality	主観的法性
subjectivity	主観性
subjunctive mood	仮定法
synchronic	共時的
synecdoche	シネクドキ
synonym	同義語
synonym	同義語
synonymy	同義関係
syntactic category	統語範疇
syntagmatic	連辞的

▶ T

taboo	タブー
taboo word	禁句
tautology	同語反復
telic	目的
temporal field	時間場
tense	時制
thematic meaning	主題的意味
thematic role	主題役割
thematic tier	主題層
theme	主題
theta criterion	主題基準
theta-role	主題役割
thing	物
thing change	物質の変化
thought mood	叙想法
three-place predicate	三項述語
tier	層
time	時
token	トークン
transfer	転義
truth value	真理値
two-place predicate	二項述語
type	タイプ，類

▶ U

unidirectionality	一方向性
universality	普遍性
unmarked	無標
usage extension	用法拡張
utterance meaning	発話の意味

▶ V

vagueness	不明確性
vision	視覚

▶ W

world creating verb	創世動詞

▶ Z

zero morpheme	ゼロ形態素
3D model structure	三次元モデル構造
θ-role	主題役割

編者略歴

中野弘三（なかの ひろぞう）

1936 年　大阪府に生まれる
1967 年　大阪市立大学大学院文学研究科博士課程修了
　　　　　名古屋大学文学部教授，愛知淑徳大学文化創造学部教授を経て
現　在　名古屋大学名誉教授
　　　　　博士（文学）

朝倉日英対照言語学シリーズ 6
意　味　論

定価はカバーに表示

2012 年 8 月 30 日　初版第 1 刷
2015 年 8 月 10 日　　　第 3 刷

編　者　中　野　弘　三
発行者　朝　倉　邦　造
発行所　株式会社　朝　倉　書　店

東京都新宿区新小川町 6-29
郵 便 番 号　　162-8707
電　話　03（3260）0141
FAX　03（3260）0180
https://www.asakura.co.jp

〈検印省略〉

© 2012〈無断複写・転載を禁ず〉　　　教文堂・渡辺製本

ISBN 978-4-254-51576-3　C 3381　　Printed in Japan

JCOPY　〈(社)出版者著作権管理機構 委託出版物〉

本書の無断複写は著作権法上での例外を除き禁じられています．複写される場合は，そのつど事前に，(社) 出版者著作権管理機構（電話 03-3513-6969，FAX 03-3513-6979，e-mail: info@jcopy.or.jp）の許諾を得てください．

朝倉日英対照言語学シリーズ
全7巻

中野弘三・服部義弘・西原哲雄　[監修]
A5判　各巻 160〜180 頁

- 半期使用を想定した言語学科・英語学科向けテキスト．
- 日本語と英語の比較・対照により，言語学・英語学への理解を深める．
- 各巻各章末に演習問題を付す．解答解説を弊社HPにて公開．

第1巻　言語学入門　　　168頁　本体2600円
西原哲雄（宮城教育大学）編

第2巻　音声学　　　168頁　本体2800円
服部義弘（静岡大学名誉教授）編

第3巻　音韻論　　　180頁　本体2800円
菅原真理子（同志社大学）編

第4巻　形態論　　　近刊
漆原朗子（北九州市立大学）編

第5巻　統語論　　　160頁　本体2700円
田中智之（名古屋大学）編

第6巻　意味論　　　160頁
中野弘三（名古屋大学名誉教授）編

第7巻　語用論　　　176頁　本体2800円
中島信夫（甲南大学名誉教授）編

上記価格（税別）は 2015 年 7 月現在